37歳で日本人最速投手になれた理由

これからの日本野球

齋藤隆

光文社新書

目次

第1章　36歳のメジャーリーグ挑戦

年俸500万円のマイナー契約でメジャーに挑戦

ご存じの方もいるかもしれないが、私が2006年にメジャーリーグに挑戦した時、ロサンゼルス・ドジャースとはマイナー契約で、かつスプリング・トレーニング招待選手という待遇だった。メジャー昇格の保証など一切ない安い評価で、年俸は5万ドル。当時のレートで500万円だ。あえて繰り返すが、これは年俸だ。前年には2億円超の年俸を横浜ベイスターズ（現横浜DeNAベイスターズ）からもらっていた。

昨今の日本人メジャーリーガーの契約に比べたら、鼻で笑われてしまうほどの金額だ。無謀と言われても仕方のない36歳のチャレンジであった。

5万ドルという金額は、齋藤隆という日本人投手をメジャーリーグは全く評価していないということを意味する。しかしそんな評価を顧《かえり》みず、〈たった一度でいい、メジャーのマウンドに立ちたい〉という思いだけが、その時の私を突き動かしていた。

むろん誰に頼まれたわけでもない。野球を続けてきた自分の野球人生の終わり方をどうしようかと考えた末の決断であった。

私の姿を見て、野球をやってみよう、頑張ろうと思ってくれた子供がいたかもしれない。加えて、図らずも甲子園を目指した同級生たち、大学の明治神宮大会を目指しながらレギュラーを取れなかったライバルたち、そして、プロ野球選手になろうと頑張ったがあと一歩届かなかった多くのアマチュア選手たち――日本中にいるそんな仲間たちへの希望になるだろうと考えた。

何より、世界最高峰のリーグと言われるメジャーリーグのマウンドを目指すことは、もし叶わずとも自分自身の野球への思いを成就《じょうじゅ》できる唯一の道だと信じたかった。それをやらなければ、その先の新たな人生を迷いなく歩めないのではないかと本気で考えた。

とはいえ、もし今、日本の選手にマイナー契約でもメジャーに挑戦したい、と相談されたら、迷わずやめたほうがいいと言うだろう。私ならはっきり言える。

なぜなら、この道を行くことはもう、誰であろうと無理だからだ。

本書は、野球人生の終わり方に悩んだ日本人プロ野球投手が、メジャー行きを決断し、今日が最後になるかもしれないと歩み続ける中で、野球という競技を通してしか起き得なかった奇跡の連続を綴《つづ》ったものだ。

これから先も日本人メジャーリーガーは誕生し続けるだろう。しかし私が36歳から歩んだような道のりは、もう二度と誰もたどることはないだろう。

私のチャレンジは、そもそも誰も成功するとは考えておらず、思い出づくりとさえ揶揄《やゆ》された無謀なものだったのだ。

ほぼ全員反対

実際、横浜ベイスターズ在籍時の2005年シーズンが終わる頃には、相談する人全員から反対され、どれだけ無謀な挑戦かすでに気づいていた。なので、いつしか相談ではなく「アメリカに行くことにしました」と言い切る口調になっていた。

私が所属する吉本興業のマネージャーで、東北福祉大学野球部の先輩にあたる小坂勝仁《おさかかつひと》さんにも、険しい道のりになると何度も言われたことをはっきり覚えている。小坂さんはヤクルトにドラフト2位で入団した野球経験豊富な方で、信頼できる先輩でありマネージャーだ。

当時、メジャー挑戦に賛成してくれたのはたったの2人。足と歩きの研究所所長で、足底板療法の第一人者である入谷《いりたに》誠先生（故人）と、横浜中区のスープカレー屋さん・アルペンジローのシェフだけだった。

２人の兄にもメジャーに挑戦しようと思っていることを伝えたが、その頃には相談ではなく決断に変わっていた。


思い返せば、２００１年、02年にクローザーとして評価され、03年から3年間の長期契約をベイスターズと結んでいた。だが監督が変わり、また先発に戻ってくれと言われたものの、先発からクローザーへ、そしてまた先発に戻ることは、頭で考えるほど簡単ではなかった。結果の出ない3年間が終わる頃には、不良債権と囁《ささや》かれるようになっていた。

その契約最終年の05年シーズンオフにメジャー挑戦を発表したものの、オファーはなかなかこない。「メジャーのスカウトがピッチングを見たいと言ってくる時のために、いつでも投げられる状態を維持しておいてくれ」と小坂さんから言われていたので、シーズン終了後も投球を続け、毎日毎日可能性の低いチャンスを待ち続けていた。

待つ時間はとても長かった。そもそも無謀な挑戦だったのかという迷いが頭をよぎるようになっていた。

最初のオファー

そんな不安定な心境の私に、ようやく最初にオファーしてくれた球団は、実はロサンゼルス・ドジャースではなく、当時はまだ日本人選手と契約したことがなかったシンシナティ・レッズだった。

なぜレッズだったのか？　その縁は初めての海外自主トレに遡《さかのぼ》る。当時、アナハイム・エンゼルス（現ロサンゼルス・エンゼルス）に所属していた長谷川滋利《しげとし》さんと練習をさせてもらったとき、リチャード脊古《せこ》さんという方からメジャーの話をたくさん伺《うかが》った。当時の私にとって、メジャーリーグなんて夢のまた夢だった。そのリチャード脊古さんが、2005年にシンシナティ・レッズのスカウトをされていたのだ（脊古さんはのちにベイスターズで国際スカウトを務められる）。

マイナー契約とはいえ、先の見えない不安から抜け出したい私は、レッズが運命の球団だと欣喜《きんき》雀躍《じゃくやく》した。小坂さんにも「レッズに行きます」と伝えたが、そんな私とは対照的に冷静な小坂さんは、レッズと同じ条件でドジャースに売り込みをかけてくれていたのだ。

それは、マイナー契約しか取れそうになかった私の３Ａ《トリプルエー》生活を慮《おもんばか》ってのことだ。当時ラスベガスに３Ａがあったドジャースのほうが、生活のしやすさや野球に集中できる環境は上だった。小坂さんはドジャースのアジア太平洋地域のトップ、エーシー興梠《こおろぎ》さんに逆オファーをかけた。私は小坂さんの強い圧力（？）で、ドジャースを選択することになった。

メジャーに行くと決めた２００５年の夏頃から、私は誰の意見も聞かず完全に心を閉ざして我が道を歩んでいた。そんな時期に唯一、人の意見を聞き入れたのは、ドジャースを選択した時だけだ。私自身は最後の最後まで、レッズでプレーすると言い続けていた。

エージェントで選手の運命は変わる

マイナー契約ではあるが、ドジャースに決めた私はロサンゼルスに向けて日本を出発した。入団会見は、トミー・ラソーダ氏が華を添えてくれたものの、会見場は用意されず、ドジャー・スタジアムの外の入り口あたりで行われた。取材メディアは３人だけ。トミーからサイズ小さめのドジャースの帽子を被《かぶ》せられた。厳しい現実だった。

ドジャー・スタジアムの外、青空の下での会見とメディアの数は、寂しさと同時に、これから待つ険しい道のりを予感させた。とはいえ、ワクワク感が勝り、グレーのスーツを着てはにかんだようにも見える最高の笑顔の写真が残っている。

当時のドジャースには、メジャーを代表するスーパークローザーのエリック・ガニエがいた。だが、2005年シーズンは怪我で精彩を欠き、ドジャースは彼以外のクローザー経験者を2人補強してブルペンに厚みを持たせていた。先発もリリーフもできるというのが、私の最大の売りではあったが、小坂さんはドジャースの戦力分析を行い、ガニエに何かあればブルペンの1枠が空くと読んでのドジャース推しだったのだ。私はそんなチーム事情をまったく知らなかった……。

結果的に、ガニエやその他のクローザー候補たちを押しのけて、2006年に私はドジャースのクローザーになった。流石《さすが》の小坂さんも、私が歴史あるドジャースのクローザーに登り詰めるとは思っていなかったようだ。

エージェント次第で選手の運命は変わる。そして、そのことは誰よりも自分が一番理解している。

日本のエージェントとアメリカのエージェント

横浜ベイスターズ時代、ＮＰＢで代理人交渉が認められて、その権利を最初に行使した選手は私だった。

日本の代理人は1人の選手につき1人の弁護士でなければならないという規定があり、吉本興業スポーツセクションに所属していた私は、ＴＭＩ総合法律事務所の水戸重之弁護士を紹介してもらい、代理人を依頼して契約交渉に臨んでいた。

私には日本のエージェントとは別に、アメリカのエージェントもいた。メジャー挑戦を志していたためである。なので、ベイスターズと交渉する時は、弁護士資格を持つ日本のエージェントと話し、メジャー球団と交渉する時はアメリカのエージェントと話していた。そういう少し複雑なシステムの中でのメジャー挑戦だったのだ。

のちの話になるが、私は２００８年を最後にドジャースを離れ、毎年単年契約を結ぶことになった。いわゆるジャーニーマン（毎年チームが変わる選手）だ。結果的にそうなったのだが、それは私がワールドチャンピオンになれるチームでプレーすることを望んでいたからだ。
アメリカのエージェントであるネズ・バレロ（現在、大谷翔平の代理人も務める）には、毎年このオーダーをしていた。

ドジャースのキャンプ地ベロビーチへ

２００５年12月中旬、日本からドジャースのキャンプ地ベロビーチ（フロリダ州）へ向かった。まず、ビジネスクラスで快適にアトランタへ。アトランタ空港で一度、大きなキャリーケースを二つ下ろし、ベロビーチ行きのカウンターで再び預けてチェックイン。小さなプロペラ機に乗り換えてベロビーチへ向かう。身長１８８センチの私にはあまりにも機内が狭く、ストレスしかない。エコノミー症候群になる不安が頭をよぎるが、それでもワクワク感が上回っていた。

ベロビーチに到着し、大きなキャリーケースを二つ、ゴロゴロ引いてカート置き場へ行くと、背は私より低いがガッチリ体型の男が、このカートを使えと笑顔で渡してくれた。ただの親切な人かと思ったが、チェーンキーの付いた有料のカートである。何でそんなことをしてくれるのかと思ったら、後日、その男がノマー・ガルシアパーラだと知る。2006年にシカゴ・カブスからドジャースに移籍したスーパースターだ。

私のメジャー1年目、2006年のストーリーには、ノマーは欠かせない人物だ。彼は私とドジャースを何度も救ってくれた。私の野球観、野球人生を変えてくれたと言っても過言ではない私のヒーローだ。

ゼロビーチ

ベロビーチはドジャータウンとも呼ばれている。ドジャースのキャンプ地として、前ドジャースオーナーとベロビーチが長期契約を結んでいたからだ。その長い契約の最後の3年間を、私はベロビーチで過ごした。

ドジャースの選手が〝ゼロビーチ〟と揶揄するほど何もないビーチサイドの田舎町・ベロビーチ。地元レストランでの朝食――焼きたてのパンに目玉焼きとカリカリベーコン、何より地元産の搾《しぼ》りたてのオレンジジュースの美味《おい》しさ、そして海の景色、全てが今も恋しい。思い出の詰まった大好きな町だ。

そんなベロビーチの、何気なく入った小さなモールの書店のスポーツコーナーに、ドジャースの歴史に関する本が数冊並んでいた。その内2冊をさっと買って帰り、借りていた家のリビングのソファーで読んだ。1冊はドジャースのキャンプの歴史本で写真も多い。中身は当然英語だが、メジャーリーグ通ではない私でもわかるスーパースターの名前が並び、名門ドジャースの歴史を物語る。

そのなかに、ドジャースの選手と一緒に写真に写っている日本のスーパースター軍団がいた。長嶋茂雄さんをはじめとするV9戦士たちだ。文字で唯一紹介されているのはTokyo Giants Sadaharu Oh——王貞治さんだ。

そう、V9時代のジャイアンツがベロビーチでキャンプを張っており、そのことが、写真とともに2ページにわたって紹介されていた。今まで敵だった読売ジャイアンツに妙な親近感を覚えると同時に、王さんへの尊敬の念が高まった瞬間だった。

その後知ったことだが、日本野球のお家芸のように言われているスモールベースボールは、V9時代のジャイアンツが、ドジャースの戦法を日本に逆輸入して築き上げたものだという。メジャー通ではない上に、日本野球の歴史も知らなかったことに恥ずかしさを覚えると同時に、アメリカに来てから初めて日本を感じる出来事だった。

ドジャースと日本人の歴史

ドジャースの歴史を語る上で忘れてはならない日本人がいる。その方の名は、生原《いくはら》昭宏さん。アメリカではアイク生原さんとして名前が知れ渡っている方である（1937―92年）。私がドジャースに入団した時のドジャース・アジア部門のトップ、エーシー興梠さんの義理のお父さんにあたる方だ。この方の存在なくして、ドジャースの歴史は語れない。いや、アイクさんこそが、日本野球とメジャーリーグの架け橋そのものなのだ。

元ドジャース・オーナーのウォルター・オマリー会長（1903―79年）とアイク生原さんのおふたりは、ロサンゼルス郊外の小高い丘に並んで眠っている。

のちの話になるが、シーズン前に渡米して最初に行うのが、アイクさんとオマリー会長のお墓参りだった。「今シーズンも頑張ります。見守ってください」と挨拶し、シーズン終了後に「ありがとうございました」とお礼を伝えるのが恒例行事になっていた。

ドジャースの日本人の歴史は野茂英雄《のもひでお》さんに始まる。そして大谷翔平選手に至るまで、近年、日本人メジャーリーガーが大活躍している。遅かれ早かれ、日本人はメジャーで活躍していたはずだと思う方がほとんどだろうが、本当にそうなのか。黒人初のメジャーリーガー、ジャッキー・ロビンソン（1919―72年）とアイク生原さんがいなければ、日本人メジャーリーガーの歴史は大きく変わっていたのではないか。

私はこのおふたりに会ったことはないが、私の今の幸せがあるのは、彼らの勇気と努力、そして想像を超える差別や苦悩があったからだと確信している。私にとって野球の神様と言える存在だ。

日本人選手としてドジャースの扉を開いたのは野茂英雄さんだ。尊敬すべき偉大な方で、大好きな先輩でもある。だが、選手ではないが、それ以前に日本人が誰も歩んだことのない道なき道を切り開いた偉大な先駆者、アイク生原さんのことをドジャースの歴史上、語り継いでいかなければならないと思う。アイク生原さんに、改めて尊敬の念と哀悼の意を表します。

キャンプ生活――芸は身を助ける

私はドジャータウン（ベロビーチ）から15分ほどの場所に、家族が来ても泊まれるくらいの一軒家を借り、２人のスタッフと３人でキャンプ生活をしていた。野球以外の生活は、吉本興業のスタッフのおかげで大きな戸惑いもなく、見るもの聞くもの全てが新鮮だった。

メジャーのキャンプのウォーミングアップは全員一緒に始まり、キャッチボールから投手と野手に分かれる。投手の練習は、５、６人にグループ分けされた組が４、５組あった。私は誰だかわからない選手の後を必死について回るだけの余裕のない日々が続いていた。

キャンプインして数日後、ウォーミングアップのストレッチ中に２人の選手が話しかけてきた。先発投手のブラッド・ペニーと外野手のデルウィン・ヤングだ。何を言っているか、その頃は正確には聞き取れなかったが、こんな感じだった。

「お前はいつも１人で黙ってアップしてて楽しいのか？」

からかわれたのだろう。

年齢不詳な数人の中南米選手を除けば、ほぼ全員年下のはずだが、アメリカには日本球界のような、いわゆる先輩・後輩の概念はまったくない。その程度のことは想定内だったが、36歳マイナー契約の私は、明日にもマイナー行きを宣告される可能性があり、気楽にキャンプを過ごせる余裕などなかった。

しかし、そんな私の思いに反するように、なぜか私に興味を持ってくれる選手も多く、何かにつけてコミュニケーションを取ってくる。とてもありがたく、不思議な気持ちだった。

「練習後、何をしてるんだ?」

「趣味はあるのか?」

日系人トラベルマネージャー(シーズン中のチーム移動のための飛行機、バス、ホテルなど、全ての手配を行うマネージャーのこと)のスコット赤崎さん(20年以上もドジャースで働く日系人。現チームトラベル担当シニアディレクター)から、「こんなことを聞かれてたよ」と練習後に教えてもらった。

それに対する答えはこうだ。

練習後はスーパーマーケットに寄って鍋の具材を3人分(一般の人の量だと5人分くらい)買って帰り、調理して食べる。片付けはスタッフがしてくれる。その後はマッサージ資格のあるスタッフに指圧をしてもらったり足の裏を踏んでもらったりして寝る。この繰り返しだ。

趣味については、アメリカにはパチンコがないからカラオケだ。

スコット赤崎さんからそう伝えてもらった。

すると次の日、ペニーとヤングが練習開始直後のストレッチ中に、ニヤニヤしながら話しかけてきた。何を言ってるかわからない。

練習後、「今度カラオケに行きましょうとペニーとヤングが言ってます」とスコット赤崎さんから伝えられた。まぁ、酒を飲みながらカラオケボックスで盛り上がるのもコミュニケーションの一つかと思い、ＯＫと返事をした。

メジャーキャンプに休みはないが、早めに練習を切り上げてベロビーチ唯一のカラオケ店にスタッフの運転で向かった。

何とそこはカラオケボックスでも日本でいうスナックでもなく、バーにカラオケステージが併設された大箱の店だった。

すぐにピンと来た。こいつら俺に恥をかかせて、笑い者にしようとしているなと。

店内を見渡すと、ガルシアパーラもマット・ケンプもラッセル・マーティンもいる。みんな楽しそうだ。

私が歌える英語の歌はビートルズの「ヘイ・ジュード」だけ。東北福祉大学の3年時に、野球部の追い出しコンパで卒業する先輩に向けて同学年全員で歌うことになったのだ。ＣＤを繰り返し聞いて英語の歌詞に全部カタカナを振り、何とか歌えるようになった。

数本目のビールを飲んでいると、私の名前が呼ばれた。何の予告もなく「日本からの客だ！」みたいな雑な紹介でステージに上がった。ステージから店内を見渡すと、思いのほか広く多くの客がいた。

歌の入りを間違えないようにして、画面に出る英語を必死に追いかけた。「ヘイ・ジュード」は最後の「ナナナッナ〜」のパートが長く、止めるタイミングがわからない。もういいかなと思って画面から目を離すと、ドジャースの仲間たちが、あんぐり顔でステージを囲んで立っていた。気がつくと拍手喝采だ！

ペニーがマイクを奪い、

「みんな、こいつ本当は英語を話せないんだ！」

と叫ぶと、さらにバーが盛り上がり、見ず知らずの客から違う歌も歌ってくれとリクエストされたほどだ。

〈日本語の歌なら何曲でも歌えるんだけど……〉

ビールを飲みながら笑顔でＮＯと言うのが精一杯だった。

ベロビーチのバーで、何だか野球より先に、自分の歌が認められたようだ。

マイナー契約のメジャーキャンプ招待選手――２枠を40人で争う

２００６年、ドジャースのメジャーキャンプに参加・招待されていた選手は全部で約80人。意外に多い。メジャー40人枠に対して、空きは投手、野手合わせて２人程度だと、どこからともなく聞こえてきた。つまり、40人でその２枠を争うことになる。

私の置かれている立場は、メジャーを確約されていない約40人の中の１人で、メジャーが確実とは言えない、空いているような、空いていないような枠を争う状況だった。

加えて、その２枠を埋められる選手が40人の中にいないとフロントが判断すれば、トレードなど様々な手法でチーム強化が行われる。厳しい争いだ。

しかし、私はそんなこととは露知らず、ただただ必死に休みのないキャンプを無我夢中で過ごしていた。これはマイナー契約だからではなく、どのメジャーチームのキャンプにも休みはない。

そんな闘いの日々は少しずつ変化していく。メジャー確約のない選手が、一人、また一人と消えていくからだ。私の近くのロッカーにも、ポツポツと空きが出てくる。

競争を確実に勝ち抜いている実感と、いつGMに呼ばれてマイナー行きを告げられるかわからないスリルの中にいた私だが、なぜか毎日が楽しかった。子供の頃にグローブとバットを自転車のカゴに入れ、空き地で友達と野球をして遊んだ頃の、純粋に野球が楽しいワクワク感に似ていた。

年俸は前年の2億円超から500万円にまで減っていたが金の話ではない。ダメで元々、マイナー契約が私を確実にノンプレッシャーにしてくれていた。

それにしてもなかなか切られない。見渡すとライバルは6人にまで減っていた。今まではいつかマイナー行きを告げられると腹を括《くく》っていたが、もしかしたらこのままメジャーに残れるかもしれない……と思った矢先の3月、朝の全体ミーティング前に、トラベルマネージャーのスコット赤崎さんから「GMの部屋に来てください」と言われた。

「サミー（私の愛称）、今日から君にはマイナーへ行ってもらう」

GMがなぜか割と明るく言った。

GM補佐のキム・アングさん、エーシー興梠さん、通訳をしてくれているスコット赤崎さんまで、なぜか明るい雰囲気の中でマイナー行きを告げられた。

曲がりなりにも、日本で築き上げてきた全てを捨ててメジャーに挑戦しに来た私に、明るく笑顔でマイナー行きを告げるなんて〈この人たちはどうかしてる。皆、最悪な奴らだ〉と、アメリカに来てから初めて怒りでカッカした。

そんな私の神経を逆撫《さかな》でするように、GMが、

「知ってると思うが、ラスベガスはギャンブルの街だから程々にな」

とみんなの笑いを誘った。

部屋の中で私だけが笑っていなかった。

マイナーキャンプの笑える扱い

野球道具が入った大きなドジャーブルーのカバン一つをクラビー（クラブハウスの中で、ユニホームを洗いハンガーに掛けて各選手のロッカーに並べたり、スパイクやグラブを磨いてくれたり、食事を作ってくれたりする役割の人。とにかく選手の雑用は全てクラビーがしてくれる）がカートに積み、同じ日にマイナー行きを告げられたアンドレ・イーシアーとともにカートに乗り込み、メジャーのクラブハウスからマイナーのクラブハウスへ移動させられた。

カートに乗っていたのは数分だと思うが、長く感じる道のりだった。

クラブハウスに着くなり、マイナーのクラビーに付いてこいと言われる。倉庫のような建物に連れて行かれると、使い古しのユニホームがズラリと並んでいた。

クラビーがチラッと私の背格好をチェックし、三脚に登ると、上からユニホームを投げつけてきた。着てみろと言われ、言われるがままに着たが、小さい。また違うユニホームを投げつけられて着てみると、今度は大きい。ん?と首を捻《ひね》ったクラビーが投げつけてきた3枚目が、私のマイナーのユニホームに決まった。

それを持ってロッカーに案内されたが、自分のロッカーがない。「今、空きがないからここにロッカーを組み立てる。待ってろ」と、別のクラビーが言う。

そして程なく、「ここがお前のロッカーだ」と言われたが、あきらかにおかしい。マイナー選手が行き来する狭い通路の一角に、所々錆《さ》びた鉄製の網で組み立てられた、果たしてロッカーと呼んでいいのかわからないようなシロモノだった。

呆《あき》れている時間もなく、渡されたばかりのユニホームの背番号37を確認。すぐに着替えてウォーミングアップに参加する。

マイナーキャンプのアップは、メジャーのそれよりやや強化的要素が含まれている程度で、日本のキャンプのアップに比べたら大したことはない。

それにしても、ユニホームの件やロッカーの件に加え、グラウンドに出てきてからもおかしい。楽しくはないがおかしい、笑いを堪《こら》えないといけないくらいツボに入っている。

何と、私以外に背番号37が5人もいる。内1人はマイナーのコーチのようだ。

しかしその笑いはすぐに危機感に変わった。2軍を含む下部チームは6軍まであると教えられたからだ。投手だけでも、ライバルは無数に存在しているというわけだ。

その時初めて、自分はとんでもない場所に飛び込んでしまったんだと気づかされた。

メジャーのエマージェンシー・ピッチャー

私はマイナーの練習を終えるとすぐに、メジャーの試合のエマージェンシー・ピッチャーとして必ず待機していた。

メジャーのピッチャーの誰かがアクシデントに見舞われたり、メジャー確約の投手の球数が予定を超えたり、何か予定外のことが起きたりしたら、エマージェンシー・ピッチャーの私の出番になる。マイナーに降格はしたが、必ずメジャーの試合のために待機を命じられていたのだ。

ある日は日陰のない、湿度の高いベロビーチのメイン球場で、毎イニング準備して結局投げなかったり、ある日は5時間バス移動してレッドソックスのデビッド・オルティーズを含む3番、4番、5番相手に投げたりと、とにかくマイナーの練習の後に、必ずブルペンでの準備の日々が続いた。

36歳のマイナー契約投手がメジャーのマウンドを目指すのは、想像以上にタフだった。

ハイウェイシリーズと父の唄

現在はドジャースだがエンゼルスでもプレーしていた大谷翔平選手のおかげでよく知られるようになったが、インターステート・ハイウェイ5（州間高速道路5号線）で結ばれるドジャースとエンゼルスの試合のことを、メジャーリーグではハイウェイシリーズと呼ぶ。

そして、ドジャースの開幕前の最後のオープン戦も、この2チームが戦うことが恒例になっている。

オープン戦は開幕戦の前々日まで続くのだが、２００６年、ドジャー・スタジアムで行われたエンゼルス相手のオープン戦ラスト3試合に、私は帯同を命じられていた。

その3試合目、つまり開幕前のオープン戦最後の試合の最後のイニングのマウンドに、私は立っていた。その時、マイナー行きを告げられた日のことを思い出していた。

実はGMにマイナー行きを告げられた日の夜、エーシー興梠さんから電話があった。

「隆、よく聞いて下さい。今日からマイナーで練習してもらっていますが、隆が今、ドジャースとの契約を破棄すれば、日本に帰ることもできます。私たちはそれを望んではいませんが、伝える義務があります」

私は、ほんの一瞬「日本」という言葉に心が動いた。しかしそれはほんの一瞬の出来事だった。マイナー契約でメジャーに挑戦しに来たのだから、迷いは一瞬で消えてなくなった。

「男児立志出郷関
学若無成死不還
埋骨豈惟墳墓地
人間到処有青山」

（男児《だんじ》志《こころざし》を立てて郷関《きょうかん》を出ず　学《がく》若《も》し成る無くんば死すとも復還《またかえ》らず　骨を埋《うず》むる豈《あに》ただ墳墓の地のみならんや　人間《じんかん》到る処青山《せいざん》有り）

幼い頃、父が茶の間と続きの和室にこの掛け軸を掛けていた。全部漢字だったが、私は書道を習っていたこともあり、意味も知らずに好きだった。父は酒を呑んで酔うといろんな話をしてくれたが、時々この漢詩を浪曲調で唄い、小学生の私に言葉の意味を説明してくれた。

男が一度志して故郷を出たなら、夢が叶うまでは死んでも故郷に帰らない。自分の墓場は故郷だけではない。この世には自分の骨を埋める青い山はどこにでもある。

私は人生でこんな志を立てたことはないし、メジャー挑戦を決めた時でさえもこんな気持ちにはならなかったが、この夜はふっと父のこの唄を思い出した。

エーシーさんとの通話が終わり、ふと見上げると、ベロビーチの青黒い空に優しく光る金色の大きな月があった（ベロビーチで借りていた家の庭で電話をしていた）。その光景を今でもはっきり覚えている。

家族との時間

休みなく投げ続けて来た私は、オープン戦のエンゼルス戦最終戦後、２日間の休みを特別にもらった。日本から来ていた家族との時間を過ごすためのドジャースの粋《いき》な計らいだった。

１日目は遊園地に出かけ、２日目は本拠地開幕戦を家族とドジャー・スタジアムで観戦した。

「パパはたった一度でもいいから、あのマウンドに立ちたくてアメリカに来たんだ」

アメリカ行きを認めてくれた妻とまだ幼い子供たちに伝えた。

一昨日、オープン戦最後の９回に自分が立っていたはずのドジャー・スタジアムのマウンドが近くて遠い。

娘たちの顔を見ながら話していたら、思わず言葉に詰まる。

明日には家族は日本へ、私は３Ａがあるラスベガスへと別々に飛び立つ。

いよいよ私のマイナー生活が始まろうとしていた。

数えきれないほどの報道陣

先に述べた通り、様々な思いから私はメジャー挑戦を決断した。自分の野球人生の最後をどこで終えるかを考えに考え抜き、自分の野球への思いを成就させるため、球界の最高峰であるメジャーのマウンドに一度でいいから立ちたい、とはいえ、マイナー契約だったので、最悪、メジャーに上がれなくてもいい、そこを目指して野球人生を終えてもいい――どんな結果になろうとも悔いなく次の人生を歩むことができる、唯一の決断だった。

一瞬一瞬の決断が、ここで生き残るための最善策と信じ、敵だろうと味方だろうと自分の前で構える打者は全員アウトに取らなければ明日はない。

今出せる最善解、自分の身体を使って出せる最高解を、パフォーマーとしてマウンドで出し続けるために何をすべきか。食事や睡眠を含め、全ての時間は目の前の打者を打ち取るためにある、そのために今何をすべきか思考し続けた。

その結果、ドジャー・スタジアムの外で、3人ほどの記者を前にした入団発表から、シーズンを終えて帰国した成田空港での記者会見には、数えきれないほどの報道陣が来てくれた。

俺は何を成しとげたんだ？と驚いたことを記憶している。

野球人生をどう終えようかと覚悟した１年が、第二の野球人生の始まりに変わってしまった。ドジャースの仲間たちが、私の野球観も野球人生も大きく変えてくれた１年だった。

ドジャース入団１年目に抑え投手として６勝２敗24セーブの好成績を残した元横浜の斎藤隆（36）。「自分でもびっくりする数字。この年齢でできたことに感謝したい」と振り返る。（中略）

――１年を振り返って。

「横浜での14年間が、この１年にぎゅっと凝縮された感じ。（開幕４試合目で）メジャーに呼んでもらってからは１試合１試合頑張ろうという気持ちで、振り返る暇もなかった。こんなシーズンが送れて幸せ」

――横浜ではけがに悩まされていたが。

「手術した肩やひじはもう大丈夫だが、問題は持病の腰痛。椎間板ヘルニアが原因だったけれど、ドジャースの日本人トレーナーにはりをうってもらったり、トレーニング方法を変えたりして、今年は不思議なくらい痛みが出なかった」

――変化球の切れが増したようだ。

「メジャーのボールは縫い目が高く、空気抵抗が大きい。最初に投げた時にカーブもスライダーも異常に曲がったので、小さく曲がるスライダーも身につけた。日本ではきれいな直球が良しとされるけれど、こちらでは指のかかり方で直球も動くので面白い」

――印象に残る試合は。

「プレーオフ進出をかけた九月十八日の首位攻防パドレス戦。九回表の登板で3点とられ、4点差になった。ドジャースという名門がおれのせいで負けるのか、と落ち込んでいたら、仲間が次々やってきては『頭を上げろ。おまえのおかげでここまで来れた』と言われ号泣した。その間に4者連続本塁打で同点、その後サヨナラ勝ち。野球の神様がいるのかなって。人生最高のゲーム」（後略）（聞き手は摂待卓）（「日本経済新聞」2006年10月24日付朝刊）

言語の壁

最初の2年間、私には通訳がつかなかった、これがマイナー契約の厳しさだ。

代わりにメディア対応に関しては、スコット赤崎さんが通訳を兼任してくれていた。初めて通訳がついたのは2008年、ドジャースに入団して3年目のこと。広島東洋カープから黒田博樹投手のドジャース入団が決まった時に、1人の通訳を共有させてもらう形になったのだ。

恥ずかしい話だが、中学、高校と英語はずっと赤点だった。そんな私がメジャーリーガーとコミュニケーションを取れるようになっていく。英語だと思うと身体が拒否反応を示すが、メジャーリーガーが使っているコミュニケーション・ツールだくらいに思うと、すんなり入ってくるから不思議だ。南米系やアジア系の選手のスペイン語訛《なま》り、アジア訛りの発音には勇気づけられた。

しかし、メディアからの正式な質問に対しては、理解はできても英語で返す勇気がない。そもそも文法の基本がわからないのだ。

英語の授業中に立たされていた記憶が、自分は英語ができないと邪魔をする。立たされることが学びなら、お前は英語ができないんだ!と洗脳されたのと同じだなぁと、40歳を前に気づいた。少し辛い笑い話だ。

今後は通訳なしでインタビューに答える日本人メジャーリーガーが増えてほしいと願って

いる。そうでなければ日本の英語教育が疑われるし、諸外国の選手からも笑われるに違いない。これからの野球界にとって英語は必須だと感じているのは、私だけではないはずだ。

ドジャースの後輩で日本人キャッチャーの石橋史匡《ふみまさ》君は、アメリカ独立リーグからドジャースのマイナー選手になり、そのままブルペンキャッチャー、マイナーコーチと、評価されてどんどん出世している。日本のプロ野球経験はないが、英語、スペイン語と、母国語以外の2カ国語を身につけ、人間性も含めフロントにも選手にも評価されている。3カ国語を話せるのは大きな武器だ。

野球バカではダメ

企業によっては、経費で必要なことを学ばせてくれるのかもしれないが、プロ野球球団に所属する選手は個人事業主なので、そういう関係はあり得ない。公的な医療保険も、被用者保険ではなく国民健康保険で、全額自己負担になる。

ひどい話だが、引退時に車の免許しか資格を持っていない選手も多いし、高卒数年で解雇になると、車の免許もないまま世に放たれる。まだましなのは、実家が自営業を営んでいるケースだろうか。

それらの選手がもし英語が堪能だったとしたら、アメリカでプレーするなど野球人生を数年延ばせたかもしれない。あるいは選択肢が広がり、そもそも違う野球人生を歩んでいたかもしれない。英語は野球に限らず、大きく可能性が広がるスーパー言語だ。

コロナでチーム数が減ったとはいえ、どのメジャーチームも、4、5の傘下チームを抱えている。だからアメリカでプレーするのはもちろんのこと、ブルペンキャッチャーや日本人選手の通訳など、英語が話せれば、野球人生も、引退したその後の人生も変わる可能性が広がる。

今からでも遅くはない。英語力を向上させることは、将来、野球を職業としたい学生・生徒はもちろんのこと、全ての野球好きの人生を豊かにしてくれるだろう。

日本球界からの才能の流出を防ぐのであれば、このまま英語力が上がらないほうがいいのかもしれない。ただ、より良い野球人生を歩みたいならば、自分で気づかなければいけないし、本当はすでに気づいていてほしい。

いつまでも野球バカと言われるような野球界では、時代に取り残され、仕事に就いてもAIに取って代わられるし、安い賃金でこき使われるだけだろう。

恥ずかしい話だが、私はプロ野球選手になるまで、年俸の半分を税金で取られることを知らなかった。それだけではない。家やマンションを買う時も買った後も、車を買う時も買った後も、ガソリンを入れる時も食事をする時も、とにかく税金がついて回る。日本でもアメリカでも税金を払うために働いているような気がしてくる。国民年金保険料を毎月払っているが、65歳からもらえる年金額はそれほど大きなものではない。

その昔、プロ野球選手は先輩から宵越《よいご》しの金を持つなと言われていた。それを言った人も先輩にそう言われたのだろうが、そんな時代はとうに過ぎ去っている。

お金を持ったら将来のためにコツコツ投資をすることをお勧めする。現役選手には元本割れしない金融商品がベターだ。

引退後の第二の人生を歩むための自己資金の確保や、楽しい人生を送るための準備は可能な限りしておくべきだ。国からの年金だけに頼らず、自ら引退後のライフプランを立てておくことが現代のプロ野球選手には必要不可欠だ。

語学に話を戻そう。

選手に限らず、野球界で仕事をしたい若者も、何かの理由で野球を断念せざるを得なくなった人も、英語を習得していれば選択肢はかなり広がる。

ちなみにマイナーリーグではスペイン語を話す選手が多い。理由は単純で、スペイン語圏の選手が多いからだ。一説には、スペイン語の文法は英語に似ており、日本語から英語を覚えるよりもスムーズにいくそうだ。

「最高パフォーマンス解」とは何か？

マウンドに立って戦っていた時間のほとんどは、我慢の時間だったと言っても過言ではない。日頃の努力のご褒美《ほうび》みたいな無双状態のピッチングができる日が年に２、３回はあったが、この時の感覚を求め過ぎたり、これが自分の通常運転だと勘違いしたりすると、シーズンは乗り切れないし、一流投手にはなれない。

逆に、身体が思うように動かない日も、年に２、３回は覚悟しなければならない。

それ以外の日は、大体許容範囲に収まる体調だが、それでも身体は日々微妙に異なる。来る日も来る日も自分の身体と向き合い続け、今日の身体の状態はどうかと自問自答を繰り返す。そして、その日のメンタル、スキル、フィジカルの状態を見極め、トータルで最高のパフォーマンス解に導いていく。

この日々の作業が、晩年の投手としてのコンディショニングの半分以上を占めていたと言ってもよい。それは、試合でアウトを取るためにできるその日の最善解であった。

誤解しないでほしいのは、その日のメンタル、スキル、フィジカルの三つの内、一番高いものに他の二つを合わせるのではない、ということだ。

若い頃はこれがわかっておらず、〝誤った最高パフォーマンス解〟によって一球のミスが生まれ、ゲームを壊してしまうことが何度もあった。

初めて正解にたどり着けたのは、アメリカに渡り、まさに崖《がけ》っぷちの状況にあった時だった。

2006年当時、マイナー契約のスプリング・トレーニング招待選手の私は、いつドジャースから解雇を宣告されるかわからない状況にあった。ライブBP（実戦形式の打撃練習のこと。いわゆる「シート打撃」に近い）で味方を相手に投げる時でさえ、打ち取らなければならない日々の中にいた。その後、メジャーに上がってからも、これが最後のマウンドになるかもしれない、と戦々恐々としていた。心が休まる時はなかった。

この崖っぷちの危機的状況でたどり着いた自分なりの答えが、「メンタル、スキル、フィジカルの三つの内の『最低』に、他の二つを合わせる勇気」だ。これが最強のパフォーマンス解である。

経験値が高くなるにつれ、スキルも上がってくるが、フィジカルは日を追うごとに下がっていく。メジャーでの7年プラス東北楽天ゴールデンイーグルスに在籍した3年は、ほぼ毎日、「最低の」フィジカルに合わせてメンタルとスキルを下げる調整を行い、朝起きてから、ウォーミングアップ、キャッチボール、ブルペンと、最高パフォーマンス解を導き出していた。

そしてそれは、自分の調子の「最低の最高」に合わせる、ただただ我慢の日々だった。なぜなら最悪を回避しながら最高を導かなければならないからだ。

私より優れた成績を残した投手はたくさんいるが、私にとって、これが自らの経験から導き出した最強の「最高パフォーマンス解」だ。

試合に入りゲーム中盤になれば、自分の仕事場である9回のマウンドについて、様々なパターンが読めてくる。それまでの相手打線の調子の良い選手と悪い選手、打順の巡りなど、イニングが重なるほど情報は多くなり優位に働くことがほとんどだ。

8回になり、ブルペンで投球練習を始める。このブルペンでの12球前後でその日の最高パフォーマンス解を導き、マウンドで5球の投球練習で確認したら、腹を決める。あとはやるかやられるかの勝負だ！

今日が最後のマウンドになるかもしれない——この心理が状況に応じた最善の解を導いてくれる。

あのバッターとはストレート勝負だ！

あのバッターにはバットにも当てさせたくない。空振りを取るにはストレートかスライダー勝負か？

点差や自分が作ったカウントで、打者心理は変わる。腹は決めるが、打者心理が変われば投げる球も変わる。加えて審判によってストライクゾーンの広さも微妙に違う。全て人間の心理が司《つかさど》っている。スキルが高くなればなるほどメンタル勝負になる。

常に崖っぷち状態という、日本でプレーしていた時とは明らかに異なるメンタリティーで、メジャーリーグという最高のマウンドに立っていた。そんな自分の最強「最高パフォーマンス解」はこれだと信じ、日々闘っていたのだ。

キャリアハイとドーピングチェック

２００７年、37歳の時に、私は99マイル（１５９キロ）を投げて日本人最速投手になった。この年、私は、ＭＬＢ機構から実に11回ものドーピング検査を強《し》いられた。前年も何度かドーピングチェックがあったが、気になるほどの回数ではなかった。当然、全ての検査をクリアしている。

私はナチュラルにトレーニングを重ねて99マイルを投げた、最初の日本人投手になったのだ。

検査は必ずゲーム後に行われ、以下の手順になる。

まずトイレに入り、チーム短パンとパンツを膝下まで下げる。次にＴシャツを胸まで上げる。私は面倒なので、Ｔシャツを脱ぐか、Ｔシャツの裾を口に加えていた。とにかく胸から膝まではスッポンポンの状態で、身体のどのパーツにも触ることなく、片手で紙コップに尿を入れる。その間、医師は軽く前屈みになり、不正がないかを見届けた上で尿を持ち帰る。

これが必ずと言っていいほど、調子が良かったゲームの後に指名されるのだ。３日間で２

回検査を受けたこともあった。流石にその時は「また俺?」と言ってしまった。すると、尿を採取する医師は決まって、「私があなたを指名しているわけではありません(ニコッ)」と言う。MLBはランダムに選んでいると言っているが、調子が良い選手からのランダムだと解釈していた。

ドーピングチェックの医師は、その後お子さんを連れてドジャー・スタジアム内のトレーナールームに来るようになった。私はその子とも顔見知りになり、クラブハウスのガムや飴をあげたりしていた。

今思えば2007年は、37歳で99マイルを投げ、オールスターゲームにも出場し、39セーブを記録した。23年間の私のプロ生活で最も成績が良いキャリアハイのシーズンなのだから、疑われても仕方なかったのだろう。

このシーズン、たった一度だけブロウンセーブ(セーブ失敗)した試合がある。対コロラド・ロッキーズ戦で、9回裏、トッド・ヘルトンに逆転サヨナラツーランホームランを打たれたのだ。

その試合を皮切りに、ロッキーズは1引き分けを挟んで22連勝と、破竹の勢いで勝ち進み、サンディエゴ・パドレスとのワンデープレーオフに劇的勝利。さらにプレーオフでフィリーズ、ダイヤモンドバックスを破り、気がつけば、松坂大輔、岡島秀樹を擁《よう》するレッドソックスと、松井稼頭央《かずお》を擁するロッキーズのワールドシリーズになっていた。このシリーズは悔しくて見る気になれなかった。

メジャー７年間でキャリアハイのシーズンである２００７年はプレーオフに進めなかった。時に野球は残酷だ。

第2章

37歳で日本人最速投手になれたトレーニング

梨状筋症候群をご存じですか？

齋藤隆という元野球選手を理解するためにまず知っておいてもらいたいこと。それは、右股関節の「梨状筋症候群《りじょうきん》」を患《わずら》い、万年故障者のような状況にあったことだ。

坐骨神経は、骨盤からでて足へ向かいますが、その際、骨盤の出口のところで、梨状筋という筋肉とのトンネルを通ります。この筋肉は通常柔らかいのですが、負担がかかって硬くなってしまうと、おしりに痛みを起こしたり、側を走る坐骨神経をつぶしてしまいしびれがでてきます。このような病気を梨状筋症候群といいます。日常よくみかける病気ですが、診断、治療している病院が少ないのが欠点です。（一般社団法人日本脊髄外科学会HPより）

先天性ではない。高校の時に右すねを骨折し、膝下だけが湾曲しながら外にひねりが加わった状態で治癒してしまい、右足が3、4センチ短いことが原因である（後述）。

日常生活を送るには問題はない。だから誰にも全く理解してもらえない。問題が生じるのは、あくまでアスリートレベルにおいてである。「梨状筋症候群」という故障があるにもかかわらず「体力がない」「走るのがきらい」「根性なし」と揶揄され続けた。この結果、自分もだんだん卑屈になっていき、自分の症状を理解してもらうことを半ば諦めていた。

そもそも、1992年に横浜大洋ホエールズ（93年から横浜ベイスターズ、2012年から横浜DeNAベイスターズ）に入団した当時、梨状筋の場所がどこにあるのかさえ知らなかった。

梨状筋症候群をドクターに告げられたのは、2000年のこと。トレーナーの南谷《みなみたに》和樹さん（後述）が、私の股関節の動きや特徴などを徹底的に調べ上げ、それに基いて、ドクターがMRI、CT、X線撮影の全てを精査した上で診断がついた。

それまで誰も取り合ってくれなかった右股関節の悩みや苦しみを、南谷さんとドクターが親身になって寄り添いながら理解させてくれた。その上で、股関節を強化する方向へ導いてくれ、私の野球人生は大きく変わったのだ。

変わり者扱い

キャンプ中の投げ込み時は、右の尻を無意識に叩くなどして、ごまかしごまかし投げることはできた。だが、走るトレーニングを続けていると、その日その時々に、不規則なタイミングで自分の意思とは関係なく症状が出る。右膝が前ではなく、外にしか曲がらなくなる。急に穴にでも落ちたかと思うほど、股関節がガクッと外れたように緩み、崩れかける。右足の力が抜けて走れなくなることもある。

そんな様々な症状が練習で出た後は、真っ直ぐ歩くことさえできない。階段は手摺《てす》りを使わないと上ることができず、右膝は棒が入ったような状態になる。それが不思議と、10分ほど座っていると楽になり、治ったように感じるのだ。そしてまた走り出すと、すぐに症状が現れ、足が上がらなくなる。この繰り返しだ。

その頃の私を知る人は、普段から変わっているとか、気分屋とか言うはずだ、実際にそういう性格的要素もなくはないが、この右股関節の症状が余計にそうさせていたのだろう。

自分でも付き合い切れないほど悩み、苦しい精神状態が続いていた。プライベートでも、家族と買い物に行こうが遊園地に行こうが同じ症状が出る。長時間歩けず、家族にも上手く説明できず、イライラとストレスが溜まるばかりだった。

余談だが、今も広すぎる遊園地と長い買い物は嫌いだ。

弱点の克服——シンプルなピッチングフォームの利点

日本時代の投球フォームは、この股関節の症状とどう向き合うかだった。

サインを見る時の深めの前傾姿勢は、目が悪いこともあって自然に生み出した臀筋《でんきん》群のストレッチ姿勢だ。右軸足で立つ前に踵《かかと》でプレートをドンと突く入り方は、不安定な股関節が安定するように自然と身につけた術《すべ》だった。

股関節の機能は投球フォームにとても大きな影響がある。これが上手く働かないと、例えば身体の開きが早くなり、球が見やすくなる、軽くなるなど、球質が変わってしまう。右投手にとって重要な身体のパーツが右股関節なのだ。

この自然と身についた投球フォームは、自分自身が理想とするフォームではない。あくまでも自分の身体の状態からやむなく導き出したフォームだった。

しかし、南谷さんとのトレーニング（後述）を重ねるにつれ、シンプルなピッチングフォームへ移行可能になっていった。梨状筋の治療とトレーニング強化の効果により、股関節機能が改善され、どんどん良い方向に進んだのだ。その時間はトレーニングを始めてから約5年、入団から13年もかかってしまった。

自分の理想とする投球フォームにはまだまだ程遠いが、自分自身の感覚と投じたボールが一致する感覚、ボールを操っている感覚を確実に得ることができた。現役の間にその感覚にたどり着けたのはトレーニングの成果であり、南谷さんのおかげだ。

シンプルなピッチングフォームの利点は、余分な動きがなくなることで、癖が出づらくなる、あるいは癖があっても見破られにくくなることだ。癖があると、ボールをリリースする前に球種がばれずに済むのは難しい。プロでさえ、多くの投手がこの癖を直すのに苦労する。そんな「なくて七癖」投手は、不思議なことに一つ癖を直すと、違う癖が一つ生まれる。

百パーセントではないまでも、例えばストレート70／変化球30で球種を張られれば、プロならバットには当たる。ストレートと変化球で腕の角度、高さが変わる投手など論外だが、若い頃の私はその1人だった。これは右股関節の症状だけが理由ではない。フォームの再現性に乏しい投手が、速いストレートを投げたい、変化球を大きく曲げたいと思う心理からだ。つまりは投手として未熟だったからに過ぎない。

そんな私だが、結果的にメジャー２年目には完全にセットポジションに変え、東北楽天ゴールデンイーグルスの最後のシーズンである２０１５年までの9年間、ピッチングスタイルを変えることなく、現役を全うすることができた。これはトレーニングの成果、股関節の機能改善以外のなにものでもない。

股関節という弱点が克服されていくにつれて、自分の投手としての意識も高まる。それにしたがうようにピッチングフォームもシンプルになり、身体も強く、疲労しにくく回復が早くなっていくのを実感するようになっていった。

なぜ37歳で日本人最速投手（当時）になれたのか？

私が２００６年にメジャーに挑戦して2年目の２００7年シーズン、37歳でなぜキャリアハイをたたきだせたのか？　メジャーに行ってからなぜ球が速くなったのか?をことあるごとに尋ねられてきた。以下は、２００7年6月28日付の「日刊スポーツ」の記事からの引用である。

ドジャース斎藤隆投手（37）がダイヤモンドバックス戦でリーグ単独3位となる21セーブ目を挙げた。6―5とリードした10回裏に登板し、3者凡退で締めた。球速は自己最速を大きく上回る99マイル（159キロ）をマークし、メジャー最初のセーブ機会から48回中45回成功という歴代最高記録も樹立した。（中略）

球速にチームメートも驚いた。最後の打者モンテロに対する初球が99マイル（159キロ）。2球目の空振りを奪った球も98マイル（158キロ）と表示された。「日本では最高153キロぐらい。この年で99マイルはどうなんですかね」。本人も半信半疑だが、球場内の表示も、テレビ放送の表示も、数字は一致していた。

メジャー新記録を樹立した試合でもあった。ドジャースの守護神だったガニエ（現レンジャーズ）が持っていた「メジャー最初のセーブ機会48回中44回成功」を抜き、同45回目の成功となった。昨季から失敗はわずかに3回だけという驚異的な数字だ。「その記録は気にしてません。でも誰もが知っているガニエを超えたのはうれしいですね」と笑顔をみせた。（後略）

この年は最終的に、リーグ3位の39セーブ、防御率1・40（リーグのリリーフ投手の中で最も低かった）の成績を残すことができた。

ここまで読まれた方は、少しずつ理解されていると思うが、ロサンゼルスの気候やメジャーのマウンド、メジャーのボールなどなど、どれもが私に合っていたのは間違いない。が、それらは全て表面上の話である。メジャーに行けば誰しもアジャスト（適応）しなければ通用しない。当たり前のことだ。長く答える時間のない取材にそう（どれもが私に合っていた）答えていたのも事実だが、それらは本質的なことではない。加えて、これまで自分自身でも確信に至らなかったため、公に語ったこともなかった。「トレーニングを頑張ったからです」では、誰も納得してくれなかったのもまた事実なのだ。

今回、本書を書き下ろしてみたいと考えた時に相談した友人たちにも、「その理由をぜひ書いてほしい」と言われた。しかしこれが答えか?と問われても困ってしまう。ただ、私が過ごした全てがそこにつながったのは確かだ。つまりは、そこに至るまでの話をするしか伝える方法がないのである。

大卒の22歳から45歳まで長く現役で投げたことで、プロとして認められた気はするが、自分の努力を自ら語るのもカッコ悪いと感じていた。

最近ではこうも思う、「なぜメジャーに行って球が速くなったんですか?」という質問自体が失礼ではないかと。メジャーに行ってから球速が上がった投手みんなに同じ疑問を抱いているならまだしも、そうは思えない。齋藤投手はメジャーに行って球が速くなってすごいですね!とはあまり言われない。まぁ、それもこれも私の人生はユニークだから仕方ないと自ら解釈しているが、本心では少し悲しい。

そんな思いを振り払い、ここからは、私が日本人最速投手になるまでの究極のトレーニングと、身体や骨格の変化、研ぎ澄まされていく感覚、日々のルーティンなどを書いていこう。

満身創痍――トレーナー南谷和樹さんとの出会い

私は肘の骨棘《こつきょく》除去手術と軟骨形成手術を2回受けている。1回は切開し、もう1回は内視鏡で行った。肩の手術は、関節唇《しん》の一部をカットして仕上げにシェービングを行った1回。それ以外に股関節の手術を1回の、計4回の手術をプロに入ってから行っている。このことからわかるように、私の身体は決して強くない。

1999年、横浜ベイスターズで先発として14勝3敗の成績を残した。先発としてのキャリアハイのシーズンだ。これは権藤《ごんどう》博監督との出会いが大きかった。それまでの自分は10勝しても10敗する、貯金を作れない投手だった。そして、2001年と2002年の2年間、クローザーとして47セーブを挙げた。どちらもスキルが上がったことによる成績アップで、フィジカルはまだまだひ弱だった。

そんな私の身体を変えてくれた方との出会いが2000年にあった。大阪府堺市にある阪《はん》堺《かい》病院のリハビリ室の室長、すでに何度かご登場いただいた南谷和樹さんである。

南谷さんとのトレーニングは当時の最先端理論に基づき、大きな筋肉からインナーマッスルと言われる身体の深部にある筋肉にまでアプローチするため、時間がかかる根気のいるものだった。

そのトレーニングを、南谷さんは阪堺病院のリハビリ室で、一般の患者さんはもちろんのこと、アマチュアの野球選手やゴルファーなどにも指導していた。

トレーニングに関してとても理屈っぽい性格に加え、「何で?」がいつも先に立つ私に、南谷さんは常にロジカルに言語化して答えてくれた。
お酒好きのPT（理学療法士）南谷和樹さんこそが、私のフィジカルを鍛え、投手として覚醒させてくれた恩人である。

南谷さんと出会ったのは、クローザーに転向した2000年オフ、肩のクリーニング手術を受けた後、直感的にリハビリを滅茶苦茶頑張らないと野球人生が終わるような気がして、阪堺病院を訪ねたのがきっかけだった。

それからは、試合と試合の合間に横浜から新幹線と南海本線を乗り継いで堺市まで通い、大阪遠征はもちろんのこと広島遠征の際にも休みを利用して来てもらい、外部施設でのトレーニングを細かくチェックしてもらった。

いざトレーニングが始まると、最低でも1時間、長い日は2時間以上も集中して2人でトレーニングルームに籠《こ》もることが当たり前になっていた。メニューは大きく分けて、①上半身ウエイトとランニング、②下半身ウエイトとランニング、③肩のインナーとコアとランニング。この3パターンの組み合わせを1日おきに、3勤1休で行う。

シーズン中とキャンプ中はチームランニングがあるので絶妙なバランスを取りつつ、シー

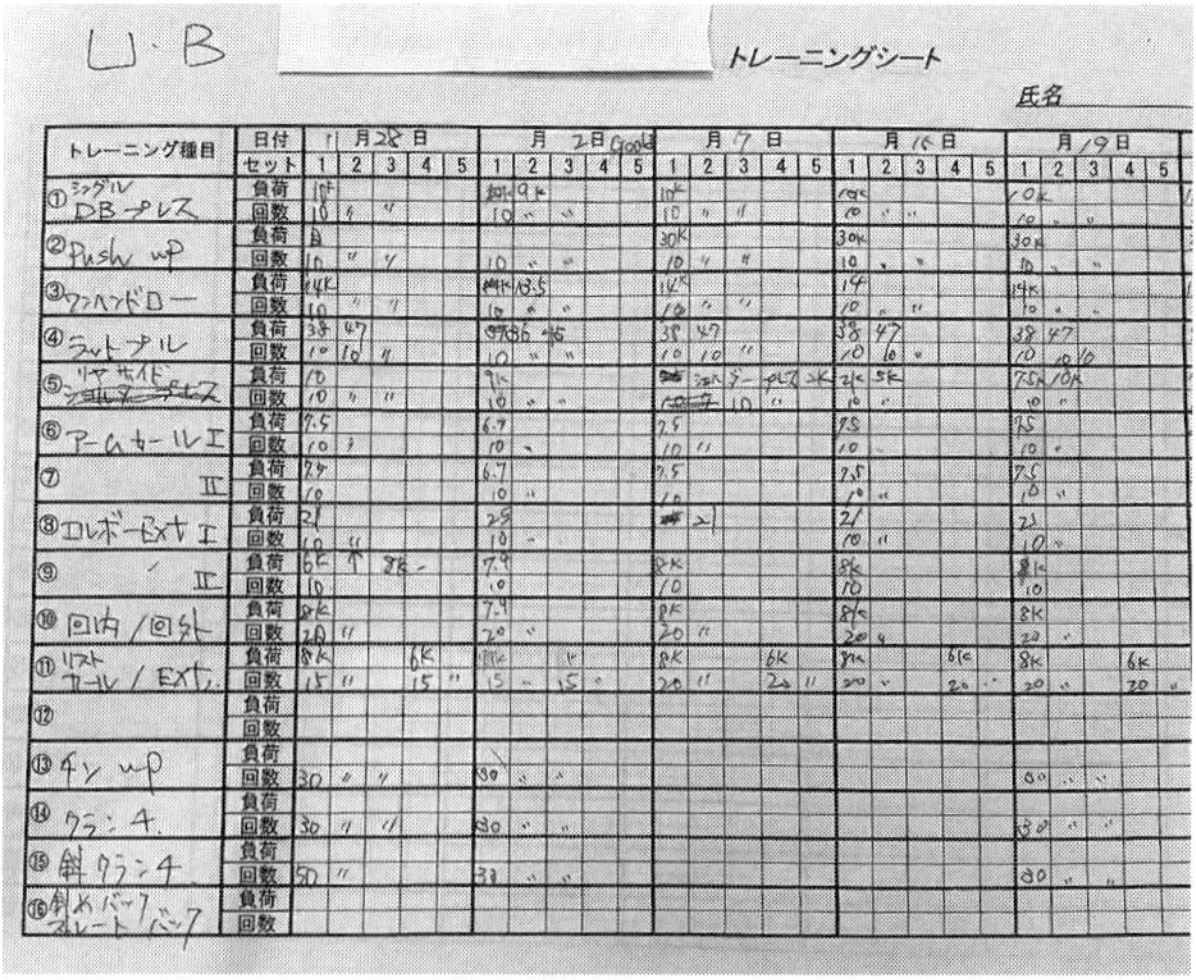

U・B

トレーニングシート

氏名

トレーニング種目	日付	11月28日					月 2日 Good					月 7日					月 16日					月 19日				
	セット	1	2	3	4	5	1	2	3	4	5	1	2	3	4	5	1	2	3	4	5	1	2	3	4	5
①シングルDBプレス	負荷	10K					10K	9K				10K					10K					10K				
	回数	10	〃	〃			10	〃	〃			10	〃	〃			10	〃	〃			10	〃	〃		
②Push up	負荷	B										30K					30K					30K				
	回数	10	〃	〃			10	〃	〃			10	〃	〃			10	〃	〃			10	〃	〃		
③ワンハンドロー	負荷	14K					14K	13.5				14K					14					14K				
	回数	10	〃	〃			10	〃	〃			10	〃	〃			10	〃	〃			10	〃	〃		
④ラットプル	負荷	38	47				36	45				38	47				38	47				38	47			
	回数	10	10	〃			10	〃	〃			10	10	〃			10	10	〃			10	10	10		
⑤リヤサイド ~~ショルダープレス~~	負荷	10					9K					~~[illegible]~~	ショルダー	プレス	3K		2K	5K				7.5K	10K			
	回数	10	〃	〃			10	〃	〃			~~[illegible]~~	10	〃			10	〃				10	〃			
⑥アームカールⅠ	負荷	7.5					6.7					7.5					7.5					7.5				
	回数	10	〃				10	〃				10	〃				10	〃				10	〃			
⑦Ⅱ	負荷	7.5					6.7					7.5					7.5					7.5				
	回数	10					10	〃				10					10	〃				10	〃			
⑧エルボーExt Ⅰ	負荷	21					25					~~[illegible]~~	21				21					22				
	回数	10	〃				10	〃									10	〃				10	〃			
⑨Ⅱ	負荷	6K	↑	8K			7.9					8K					8K					8K				
	回数	10					10					10					10					10				
⑩回内/回外	負荷	8K					7.9					8K					8K					8K				
	回数	20	〃				20	〃				20	〃				20	〃				20	〃			
⑪リストカール/EXt.	負荷	8K			6K		[illegible]			[illegible]		8K			6K		8K			6K		8K			6K	
	回数	15	〃		15	〃	15	〃		15	〃	20	〃		20	〃	20	〃		20	〃	20	〃		20	〃
⑫	負荷																									
	回数																									
⑬チンup	負荷																									
	回数	30	〃	〃			30	〃	〃													30	〃	〃		
⑭クランチ	負荷																									
	回数	30	〃	〃			30	〃	〃													30	〃	〃		
⑮斜クランチ	負荷																									
	回数	50	〃				30	〃	〃													30	〃	〃		
⑯斜めバック/ストレートバック	負荷																									
	回数																									

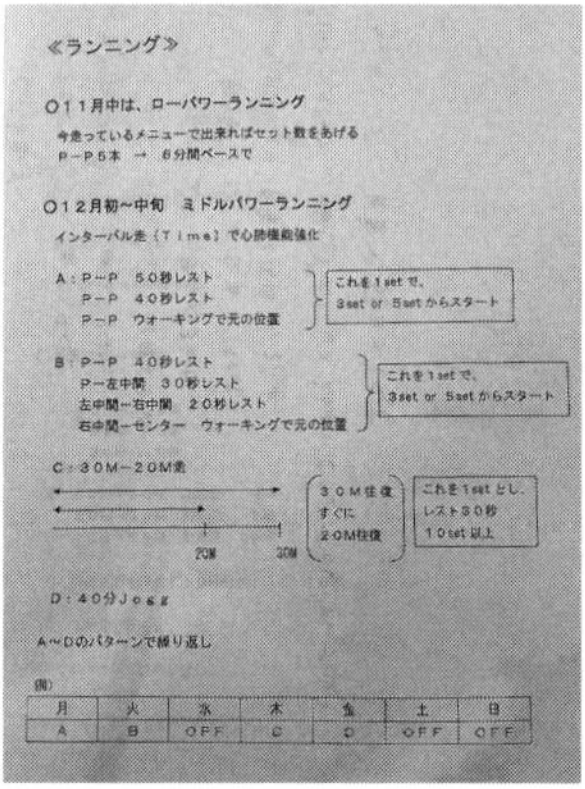

《ランニング》

○11月中は、ローパワーランニング

今走っているメニューで出来ればセット数をあげる

P－P5本　→　6分間ペースで

○12月初～中旬　ミドルパワーランニング

インターバル走（Time）で心肺機能強化

A：P－P　50秒レスト
　　P－P　40秒レスト
　　P－P　ウォーキングで元の位置
　　（これを1setで、3set or 5setからスタート）

B：P－P　40秒レスト
　　P－左中間　30秒レスト
　　左中間－右中間　20秒レスト
　　右中間－センター　ウォーキングで元の位置
　　（これを1setで、3set or 5setからスタート）

C：30M－20M走

（30M往復　すぐに　20M往復）（これを1setとし、レスト30秒　10set以上）

D：40分Jogg

A～Dのパターンで繰り返し

(例)

月	火	水	木	金	土	日
A	B	OFF	C	D	OFF	OFF

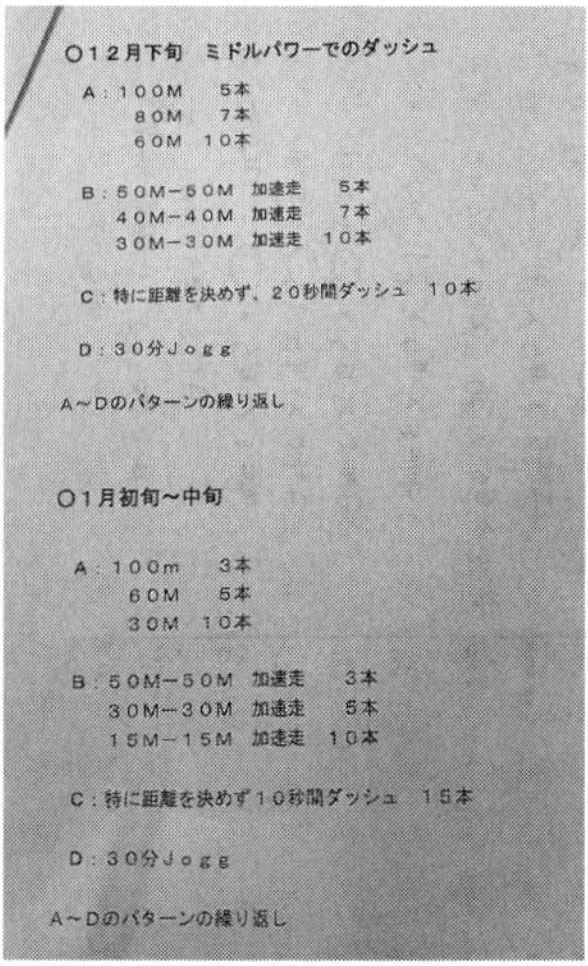

○12月下旬　ミドルパワーでのダッシュ

A：100M　5本
　　80M　7本
　　60M　10本

B：50M－50M　加速走　5本
　　40M－40M　加速走　7本
　　30M－30M　加速走　10本

C：特に距離を決めず、20秒間ダッシュ　10本

D：30分Jogg

A～Dのパターンの繰り返し

○1月初旬～中旬

A：100m　3本
　　60M　5本
　　30M　10本

B：50M－50M　加速走　3本
　　30M－30M　加速走　5本
　　15M－15M　加速走　10本

C：特に距離を決めず10秒間ダッシュ　15本

D：30分Jogg

A～Dのパターンの繰り返し

トレーニングメニューのごく一部

ズンオフはウエイトの重量やレップ数（反復回数）などのボリュームを上げ、私専用のハードな完全オリジナルメニューを作ってくれた。今では珍しくないが、南谷さんは私のいわゆるパーソナルトレーナーだった。

筋肉の猛勉強

南谷さんとの出会いは、筋肉博士と言われる石井直方《なおかた》さん（東京大学名誉教授）の本との出会いでもあった。

南谷さんから「あの人の本は勉強になる」と薦められたが、同時に「あんまり勉強し過ぎるな」とも冗談半分に言われた。それから石井教授の本を読み漁った。

どうすれば優れた投手になれるか、どうすれば投手として優れた身体を手に入れられるか。それらはなぜ私がメジャーで球が速くなったのかを解明するために、欠かせない指針にもなっていった。

筋肉に関する勉強はどこでもできる。移動中や風呂などいろんな所で石井教授の本を読んでいたため、特に読み込んだ黄色い本（『石井直方の筋肉の科学』）の表紙はボロボロになっていた。

ここで前提として伝えておきたい。トレーニングの研究は日進月歩、当時私が学んだ時と今とでは違うこともある。筋肉の学びを何年も休んでいたが、今回執筆するにあたり『石井直方の筋肉の科学』の最新版（『石井直方のさらに深い！筋肉の科学2・0』）に目を通してみた。やはり当時とは違っているところがあるし、より細分化されているようにも思う。

この『石井直方のさらに深い！筋肉の科学2・0』は、選手にも指導者にも一読をお薦めしたい。難しい部分があるのも事実だが、読めばひらめきやヒントがたくさんあるはずだ。

さて、その多くの学びの中で皆さんにも知ってほしいのは、筋肉は二頭筋や三頭筋のような、わかりやすい形状のものばかりではないということだ。板状《ばんじょう》筋、方形《ほうけい》筋、羽《う》状《じょう》筋、半羽状筋といった変わった形状の、細かな動きに必要な筋肉が多数存在する。

また、筋肉を正しく動かすには、骨の動きも重要で、骨が正しい位置になければならない。トレーニングは力をつけるだけでなく、姿勢やフォームが大きく影響する。

そして、この先は私のオリジナルの見解だが、筋肉や骨格の勉強の行きつく先は「脳」だと感じている。

「投げることとは?」の私なりの結論は、幼い頃の運動脳刺激に始まり、運動神経脳シナプスの融合で終わるというものだ。

私の経験と感覚から、中学生くらいまでの間にいろいろなスポーツや運動をすればするほど、短いエノキタケのように、ニョキニョキと運動神経回路の芽が伸びると考えている。その神経回路は使われずに休んでいるが、ある時期に野球だけに集中し始めると、野球に必要な運動神経回路が新しい運動神経回路を探すように伸びながら、休んでいたエノキタケとつながる時があるのではないか。そして、それがプレーに反映され、監督やコーチなどの目には上達、覚醒したように見えるのだと考える。そのプロセスとして、トレーニングがあるのではないだろうか。

私の場合、トレーニングは、最速投手を目指したものではなく、怪我のないタフな身体を目指したものだった。筋力アップより、左右、上下、前後の筋バランスを整えるトレーニングだったように思う。

肩のクリーニング手術後のリハビリは、肩の機能改善や、肩を正しく動かすために、強さだけではない柔軟性を含む筋バランスの獲得がカギだった。それらは正しい姿勢で正しい筋動作を行うための、運動神経脳へのアプローチだったのだろう。

そのトレーニングの成果と学びは、現役時代のみならず、コーチ時代にも大いに役立った。コーチ時代、選手の投球フォームを見る時は、様々な角度から、全身レントゲン写真のように、フォーム分析と各部位の筋肉がどう動いているかの筋動作解析が、自分なりにできたように思う。

繰り返しになるが、そのベースとして『石井直方の筋肉の科学』がとても役に立っている。そこに自分の経験値などを加味して、フィジカル面で選手と向き合ってきたのだ。

腸腰筋の重要性

拮抗《きっこう》筋という言葉をご存じだろうか？

例えば、二頭筋に対する三頭筋、三頭筋に対する二頭筋のことを拮抗筋という。もう少しかみ砕くと、肘を曲げてできる力こぶが二頭筋で、その時伸ばされている腕の後ろ側の筋肉が三頭筋であり、このように力を入れる筋肉と弛《ゆる》める筋肉の関係性を拮抗筋という。この拮抗筋は、腕や足だけでなく大臀《だいでん》筋――お尻の筋肉にもある。それが腸腰《ちょうよう》筋だ。

腸腰筋とは、身体の上半身と下半身をつなぐ、大腰《だいよう》筋と小腰筋と腸骨筋からなる細長い筋肉だ。大臀筋――お尻の筋肉は身体の外側にあって大きいが、腸腰筋は身体の内側にあるインナーマッスルに分類される。

自らの経験から、この腸腰筋は、投手のピッチングフォームやコントロール、スピードに大きく関わる重要な筋肉であると強調しておきたい。そして、この腸腰筋こそ、私が日本人最速投手になれたことと非常に深く関係していると考えている。

180センチの投手が活躍する理由

話が遠回りになるが、高校野球で活躍する投手の身長は180センチ前後が多いことを、熱心なファンの方ならイメージできるだろう。プロ野球選手名鑑などは、サバを読んでいる選手が多いので当てにならないが、日本の指導者の方々は、自然とこの身長の投手に合わせた指導法を採っているのではないだろうか？　異なる身長の投手に対しても、180センチ前後の投手にだけ当てはまる理想論で教えていないだろうか？

高校時代は成長期真っ只中、最終的には190センチに届くような大型投手にとって、成長途中の身体への過度な刺激はマイナス効果が大きいだろう。

逆に成長が止まっている、あるいは止まりかけているならば、高校野球に最もハマる体型の持ち主や高校野球がピークの投手がいても何ら不思議はない。成長期が早く来た投手にとっては、最高の3年間になるはずだ。

甲子園優勝投手がプロで通用しないとか、高校や大学で2番手、3番手だった投手がプロで大成するなどの話を一度は耳にしたことがあるだろう。それはこういう理由があるのではないだろうか。

成長途上のヒョロッとした細い身体で高校3年間を過ごした投手は、その先にまだ可能性があるかもしれず、腸腰筋はその可能性を大きく引き出す重要な筋肉の一つだと訴えたい。一方、甲子園で勝ててプロでも大成する投手は、スペシャルな身体、腸腰筋の持ち主ではないかと仮説を立てて研究してみたいほどだ。

180センチは日本人として大きい方だが、メジャーでは小さい。私は188センチあるが、在籍したメジャー5球団では、どのチームでも投手ではほぼ平均身長だった。

身長はほぼ平均とはいえ、メジャーの投手は、明らかに私とは体型が異なる。彼らはお尻の位置が高いが私は低い。つまり私は胴が長いのだ。そこから、多くの日本人・アジア人投手は、背が高くなればなるほど、上半身と下半身をつなぐ腸腰筋の強さおよび臀筋とのバランスが、その能力に大きく作用すると考えるに至った。

この考え方はデイヴィッド・エプスタインの『スポーツ遺伝子は勝者を決めるか?』を読んでから、より強く、確信に近く感じるようになった。皆さんにはこの本もぜひお薦めしたい。

この腸腰筋の強化で、上半身と下半身のパワーロスがなくなり、スピードもコントロールも上がったと私は感じている。バランス良く、全身のトレーニングを行っているという大前提はあるが、腸腰筋は投手の能力を最大限に引き出す、要《かなめ》の筋肉であると、自分自身のトレーニングから考えている。

陸上のトレーニングが腸腰筋トレーニングのヒントに

陸上のトレーニングが腸腰筋トレーニングのアイディアにつながったことがある。

2006年12月に、シーズンオフの恒例で、肩の状態を診てもらうため、福岡県にある久《ひさ》恒《つね》病院に行った。南谷さんのこだわりで、肘は横浜南共済病院の山崎哲也ドクター、肩は久恒病院と決まっていた。

その診察とリハビリのあと、中学生くらいの陸上部の子たちが、上半身をぶれさせずに脚を伸ばした状態で上げ下げするラインダンスのような動きで、梨状筋を鍛えていた。

それを見た南谷さんは「あれええなあ」と閃《ひらめ》いたように言った。そして、さっそく私のトレーニングにも取り入れられることになったのだ。

このトレーニングは、腰の深い所に効いてくる感じがする。最初はそれくらいしかわからなかったが、足に1キロの重りをつけ、上げた足を地面に着けずにギリギリの位置で切り返すと、かなりハードである。レップ数とセット数の設定次第で、無限にボリュームが調整可能な腸腰筋強化トレーニングとなった。

このトレーニングが優秀なのは、軸足のトレーニングと体幹のトレーニングにもなることだ。加えて、胸から上は可能な限りリラックスさせることが大切である。そうすることで、自分の理想とする腕の振りが可能になる。

またこのトレーニングは並進運動（右投手が左足を上げて着地するまでの動作）に入る前、あるいは入る時の動作によく似ている。可能な限り僧帽《そうぼう》筋をリラックスさせ、下半身と体幹に力を入れるトレーニングに最適だ。上半身をリラックス状態にすることは、肩甲骨を正しく動かして投球動作を繰り返す、再現性の高い反復動作の重要なトレーニングにもなる。体幹の不安定性が原因で伸び悩んでいる投手がいるなら、指導者にはぜひ取り入れてほしい練習メニューだ。

歯の治療の重要性

南谷さんとのトレーニングを本格的に始めてから、身体を鍛える上でとても気になる場所が一つ出てきた。それは「歯」だ。厳密には歯の噛み合わせである。見た目の話ではなく、投げるため、出力時やリリース時のため、加えて、投げる時に僧帽筋をできるだけリラックスさせて立ちたいためだ。

身体のパーツで一番重い頭を、リラックスした状態で身体の上に乗せておきたい。その理想的な立位《りつい》を実現するためには、脊柱《せきちゅう》起立筋と僧帽筋の過度な緊張は大敵だ。そして、その姿勢を作って保つためには、噛み合わせがとても重要だと気づいた。

私は「気をつけ」の姿勢で、ちょっとだけ顎が上がる。それを整えるためだけに、メジャーに行ってから、毎年シーズンオフに日本で噛み合わせの調整に50万円をかけていた。

調整とは具体的に言うと、噛み合わせて力を入れる時に顎が上がらないポジションを作るため、歯に数ミリ足したり歯を数ミリ削ったりを行うことだ。先生に「これでどう?」と言われたら、治療椅子から立ち上がり、片足時のバランスや並進時の体重移動などの確認を行う。歯が少し強く当たりすぎたら、また椅子に座って先生が歯をミリ単位で調整し、再び確認のために立って片足を上げる。これを何度も何度も繰り返す。その上でトレーニングをして、違和感があれば数日後にまた歯科医院に行き、感覚を伝えて調整してもらう。シーズンオフは、これを何度となく繰り返していた。

この金額が適正かどうかはわからない。が、シーズンオフのトレーニング期間中に違和感を覚えたら、微調整のために繰り返し歯科医院に通い詰めた。

シーズンオフには、トレーニングは言うまでもなく、シーズン中に活躍するために必要な準備は漏れなく行っていたが、それでもイレギュラーな出来事は起こる。

２００７年のシーズン中、歯の痛みを感じたのでドジャースのトレーナーにロサンゼルスの歯医者を紹介してもらった。診断の結果、神経を抜かなければならないと言われた。シーズン中に神経を抜く治療を行うと、シーズンオフに整えた噛み合わせが変わる心配もあったが、結果は問題なく、治療を終えた。

最後に被せるセラミックの歯に「好きな文字を入れられるよ」と言われ、迷わずドジャースの帽子のロゴマーク「LA」の文字を入れてもらった。

2007年は、自身のキャリアハイシーズンになったが、こんなイレギュラーな出来事のおかげで、身も心も歯もドジャースに捧げたからかもしれない。

投手のウエイトトレーニングの難しさ

投手がウエイトトレーニングを始める時に必ず考えるのは「自分はどれだけ球が速くなるのか?」ということだろう。しかし、「この考えこそが投手にとって最大の悪になる」と強く言っておきたい。

自分の身体の成長が落ち着き、本格的なウエイトトレーニングを始める時には、自分がどれだけの重量を上げられるか、すなわちMAXがどこにあるか、から入るのは当然だ。自分のウエイトトレーニングの指標作りをしなければならないからである。

ウエイトトレーニングは各種目の筋出力最大値(MAX)が指標になる。MAX出力がわからないと、その70パーセントの出力を導き出せないからだ。例えばベンチプレスなら、1

回ないし2回しか上げられない重さを確認（仮に１００キロとする＝ＭＡＸ）したら、その70パーセント程度の重さ（約70キロ）を10〜12回上げる。これを、１分の休憩を挟んで３セットというようにウエイトトレーニングを行う。シーズン中かシーズンオフかによって、70パーセントの重さを80パーセントにしたり、回数を増やしたりする。いずれにせよ、まずウエイトトレーニング開始時の筋出力最大値を知る必要がある。

ただ、私が30歳から人体実験の如くウエイトトレーニングの限界を突き詰めてきた際には、自分のＭＡＸ＝筋出力最大値だけでなく、自分のＢＯＴＴＯＭ＝筋出力最低値――自分の身体パーツの弱い部分――にも向き合ってきた。

例えば私の身体は、下半身、特に股関節に弱さを抱えていたが、上半身は強く、動作では常に優位に働いていた。しかし一部のパーツの出力がどんなに大きくてもダメなのだ。投げる動作は、筋肉を捻るなど複雑な動作の連続であり、拮抗筋など身体全体のバランスがとても重要なのである。ただ直線的な出力が強いだけでは、良い投手にはなれない。

また、身体の見た目が大きくても、投げる動作に必要な筋肉の出力が弱ければ球は速くならない。例えば、ボディビルダーがみんな１６０キロを投げられるわけではないし、速く走れても高く跳べても、投手としては未完成なのは言うまでもない。加えて、出力だけが強いと怪我のリスクが高くなってしまう。

車に喩《たと》えるなら、スポーツカーのような爆発的エンジン（出力する筋肉）には、それに見合うブレーキ（振った腕を止める筋肉）やサスペンション（ボールをコントロールするための膝や足首の柔軟性）、流線形のボディや装備（速い球を投げる筋肉）がなければ高速で走れないし、故障やアクシデントは避けられない。逆にトラックは、たくさんの荷物を運ぶためのパワーや燃費良く長距離を走れる能力が必要である。

どちらの要素も求めるなら、ＳＵＶ（多目的スポーツ車）的オールラウンダーな性能が必要だ。

自分の身体の特性を最大限に生かすには、それに見合う装備（自分の骨格に合った筋力やフィジカル）がなければならない。投手が自分の身体を理解し、正しいウエイトトレーニングを取り入れることができれば、スポーツカーにもＳＵＶにもなれる。

さらに車には、その性能に見合う最適なガソリンやオイルが欠かせない。これはアスリートにとっての食事や飲み物（コンディショニング）に当たる。

そして最も大切なのは、自分の身体をコントロールする能力——ギアチェンジのようなコーディネート力や、アクセルを踏み込んだ時に空回りすることなく力が伝わることだ。

速い球を投げるということは、リリース時に最大出力になるように、自身の身体をタイミング良くコントロールすることでもある。これがコーディネート力だ。

ウエイトトレーニングをすると、逆に球が遅くなるとか、筋肉が鎧《よろい》のようになり身体が重くなる、などと言う人がいるかもしれない。そういう人たちは、自分に合ったウエイトトレーニングに出会えなかったか、ウエイトトレーニング後のストレッチやケアを怠ったか、はたまた悪い噂を鵜呑《うの》みにしてそもそもウエイトトレーニングにトライしなかったのだろう。

成長途中の子供が過度なウエイトトレーニングを行うことは、危険を伴うので絶対に推奨しない。やるとしたら自重トレーニング（スクワットやランジ、腹背筋、腕立て伏せなど、器具や道具などを使わず、自分の体重のみの負荷で行うウエイトトレーニングのこと）だろう。

ただし、成長期が終わり、骨端線が閉じた子には、ウエイトトレーニングも有効だ。少しずつ重量を増やしていくなどの配慮や、ウエイトトレーニング後のケアや食事、大会と大会の間のスケジュールを上手に組むなど無理のないプランニングをしてほしい。また環境が許すなら専門スタッフがいるのが理想的だ。

本書を読んでウエイトトレーニングに興味を持ってもらうのはとても嬉しいが、10代、20代前半の年齢の方は、できることなら専門知識を持った人と慎重にウエイトトレーニングをスタートしてほしい。

最善の判断ができるようになる――トレーニングの成果とは何か？①

トレーニングを始めてから、強くなってくる自分の身体と運動脳――あるいは投球脳と言うべきか――との一致には時間がかかった。

身体が明らかに強くなった実感を得られても、自分のパフォーマンスに百パーセント反映させるのはとても難しかった。トレーニングには、1＋1＝2のような単純な数式は決して当てはまらない。ましてや相手はプロの打者だ。アウトを重ねるのは簡単なことではない。

また、チームが勝ったり自分の成績が上がったりすれば成果が出た、というわけでもない。トレーニングの成果は、チームの勝敗とは別に評価する必要があるだろう。チームの勝利とは別のゴールを持ち、トレーニングを継続することが重要だ。高校、大学、社会人など決められた時期にピークを持っていかなければならない選手も同じで、トレーニングの強度の上げ下げのタイミングこそ違うが、継続は絶対に必要である。

野球は9人でプレーするが、個々のプレーヤーが最高のコンディションでグラウンドに立つことによって、限りなく勝利に近づく。この当たり前が一番大事なことは、誰でも理解しているだろう。ただ、NPBでは年間143試合、MLBでは年間162試合を戦う中で、コンディションを維持しながらトレーニングを継続するのは大変だ。

私の経験から言えるのは、身体が弱かった頃の自分とトレーニングを始めて身体が強くなってからの自分との違いは、フィジカル面だけではないということだ。フィジカルが高まることで、例えばスキルやメンタルの向上も感じとれるようになる。

強い身体があれば、マウンド上で瞬時に冷静に最善の判断をすることができるようになる。どんなに調子が悪くても。

具体例として、まずブルワーズ時代の2011年のプレーオフ、カージナルスとの戦いでのマウンドを挙げよう。相手はメジャー屈指の強打者アルバート・プホルス。インコースにストレートをこれでもかと投げ込み、球数の多い長めの勝負に持ち込み、最後はインコースのスライダーで見逃し三振に仕留めることができた。また、同年のプレーオフ、ダイヤモンドバックスのポール・ゴールドシュミットとの対戦では、早めの勝負が最善と判断し、初球のカーブでゴロアウトに仕留めるなどの選択も意のままにできた。

投手人生最高の四球

そして、2006年8月20日のサンフランシスコ・ジャイアンツとの試合。先発のデレック・ローが絶好調で9回までドジャースは5点のリードをしていた。しかしその裏、ローが1点を失い、さらにノーアウト一、二塁で降板し、クローザーの私がマウンドに上がることになった。

ジャイアンツのホーム球場、AT&Tパークの三塁側ブルペンから走ってマウンドに向かう極限状態の私が考えたのは、「バットに当たる時はファウルしか許されない」「その日スタメンから外れていたバリー・ボンズが必ず代打で出てくる」ということだ。

バリー・ボンズにどう立ち向かうか。

最初の打者を歩かせて満塁になったが、次打者を三振に打ち取った。バットに当たったのはファウルだけ。そして、ブルース・ボウチー監督によって代打バリー・ボンズが告げられる。

バリー・ボンズが振るバットに私の投じた球が当たれば、最悪、試合は振り出しに戻る。それはローの勝ち投手の権利が消え、４点のリードを奪った野手陣の成果を無にすることにもなる。クローザーとはなんと責任の重たい仕事か。それまでの打者と、バリー・ボンズではプレッシャーが全く違う。

メジャー最強打者と絶体絶命のシチュエーションでの勝負。カウント３―２、私はストライクからボールになるスライダーを選択した。左打者の外、甘いゾーンからやや内側に曲げながら落とした。バリー・ボンズはその球を見切った。少し余裕すらうかがえるくらいの見逃され方だった。バリーのほうが一枚も二枚も上手だった。

押し出し四球で１点を献上したが、後続の２人の打者を三振に打ち取り、５対２でドジャースが勝利。自分のミッションをコンプリートできた。

もちろん、それまでの様々な失敗や成功の積み重ねもあるが、日々トレーニングを重ねていた身体がベースにあったからこそ、この場面で抑えられたと思う。

バリー・ボンズに与えたこの四球は、今でも投手人生最高の四球だと思っている。AT&Tパークの９回裏、３―２から投げた、ストライクゾーンからボールゾーンに曲がり落ちるスライダーの軌道は、今でも鮮明に記憶に残っている。

それまでやっていた「一か八か」の勝負など、本当の勝負とは言えない、ただのギャンブルだった。最善を尽くし、最高の準備ができて初めて、後述する権藤監督が教えてくれたKill or Be Killed――「やるかやられるか」の境地にたどりつけたのだ。

繰り返しになるが、強い身体は最善の選択をさせてくれる。

「しなり」と80パーセントの脱力――トレーニングの成果とは何か?②

「身体のしなり」――野球経験者は何となくわかった気になっている言葉ではないだろうか?

野球の専門用語は人によって微妙に解釈が違い、共通言語化するのがとても難しいと感じている。「しなり」はその代表的な言葉ではないだろうか。

私が考える投球動作での「しなり」とは、自分の足で地面を蹴った力を、足の裏から手の指先まで全身を通して伝える間に発生する全ての「ひねり(大小にかかわらず)」の動作のことである。

前屈や後屈、側屈は「しなり」に入らない。そこに「ひねり」が加われば「しなり」と解釈する。スポーツ関連の文献では、別の説明がなされているかもしれないが、私はこう解釈する。

投球動作の場合、力が伝わるとは、身体の中で完結するのではなく、厳密にはボールに力が伝わるまでのことを指す。これが投球の面白さであり難しさでもある。いずれにせよ、筋肉のつながりから生まれるひねる力が伝わっていく様子を「しなり」と考える。

力んでも脱力しても力は伝わるが、適正な力は80パーセントの出力でしか生まれないように思う。力みからは適正な力は生まれない。

例えば先発投手なら、初回と9回では、同じ80パーセントでも出力は厳密には異なるはずだが、その時々での80パーセントの出力がベストであることに変わりはない。

そして、80パーセントの力でしなりが生まれることで、打者からすると、110パーセントにも120パーセントにも威力を増したキレのあるボールが、ホームベース上を通り過ぎていくことになる。

エビデンスはないが、これが、ピッチングフォームから受ける印象との球威差だと分析している。打者から見ると、力感のないフォームから、速いボールが来るので、その差でタイミングが取りにくくなる。

この境地、この感覚にたどり着くまで長く現役で投げ続けられたことは、野球人としてとても幸せだったと思う。

速いボールはトレーニングの副産物――トレーニングの成果とは何か？③

先に述べたように、ウエイトトレーニングを始める時に、どれだけ球が速くなるだろうと考えるのは危険である。ウエイトトレーニングは、あくまで怪我をしにくい身体、怪我をしても軽傷で済む身体、疲れにくく回復が早い身体になることを最大の目標にしてほしい。

トレーニングと80パーセント出力の副産物が、ボールのスピードアップである。スピードアップを第一の目的にするトレーニングは、選手寿命を縮めてしまう危険な努力だ。

まず怪我をしにくくなるのは、先にも書いたが、自分のＢＯＴＴＯＭ――身体の一番弱いパーツのパワーでしか、バランスや出力時のタイミング、コーディネート力などを保てないことが感覚でわかるようになるためだ。

自分の身体をＭＡＸに合わせようとすると、ＢＯＴＴＯＭが悲鳴を上げて故障するか、パフォーマンスを保てなくなる。その結果、強いはずのパーツまで故障することになりかねない。私の場合、２００８年の右前腕筋断裂がそれに当たる。

２００３〜05年はリリーフから先発に再転向させられたが、この3年間、決まって5イニング前後や勝負どころで、思い通りにボールを操りきれず踏ん張れなくなっていた。立ち上がりから悪い時もあったが、スタミナやペース配分が難しかった。もちろんメンタルも関わっているように思う。また、リリーバーの時も、シーズンの勝負どころや、シーズン終盤の大事な時期にパフォーマンスが上がらず投げられなかったり、勝負どころで役に立てなかったりして、2軍行きを通達されたこともある。

ただ、これらについてエビデンスはなく、あくまで私の経験に基づく感覚論である。そのことを忘れないでほしい。


若い頃の自分は身体が弱く、負けから学ぶことばかりだった。しかし、身体が強くなったことで、勝つことでしか学べないことが多々あることを初めて知った。多くの人にこれを体感してほしい。

どのレベルでも、努力が報われる喜びは次のステップに進む大きな勇気になる。努力は報われるという感覚に至るまでの時間が決して無駄だったとは思わないが、もっと早く気づくことはできなかったかと悔やまれるのも事実だ。

この感覚とは逆に、身体が弱いせいでパフォーマンスを発揮できないだけでなく、身体が強くてもオーバーワークにより、思い通りにパフォーマンスできないこともある。

先にも述べた通り、２００８年、私のドジャースの最終年に、チームはリーグチャンピオンシップに進出するのだが、シーズン途中にオーバーワークで右前腕の筋断裂――いわゆる肉離れを起こして離脱。プレーオフ前に復帰したが、悔しい結果に終わった。

余談だが、今では普通になったＰＲＰ注射（自己多血小板血漿《けつしょう》注入治療）をＭＬＢで最初に打った選手は私だ。血小板の中には細胞の再生を促す成分がある。当時はヨーロッパのサッカー選手が筋肉の再生に有効だとして取り入れていた、最先端の治療法であった。当時のドジャースのチーフトレーナーが、満身創痍の私のために探してくれたのがＰＲＰ注射だった。

私の肘には靭帯がない――東洋の神秘

メジャーリーガーとして5球団でプレーしたが、どのチームドクターにも「なぜこんな肘で投げられるんだ!?」と驚かれると同時に、半ば呆れられていた。なかには「齋藤の肘は東洋の神秘だ！」と言って笑ったトレーナーもいた。

わたしの肘には、ＭＲＩに映るべき白い線靭帯がない。つまり医学上、私の肘には靭帯がないのだ！

１９９２年から数え切れないほど肘の痛みを繰り返し、前述のように二度、肘の手術をし、それからも投げて、投げて、投げ続けた。

時には根性なしと揶揄されても投げ続けた結果、私の肘からは医学上、内側側副靭帯がなくなっていた。自分でも驚きでしかない。

２００６年にマイナー契約で入団した時のドジャースのチーフトレーナーが、２００８年に退団した。他球団から来た新たなトレーナーがチーフトレーナーになった。そのタイミングで前腕を筋断裂しているという検査結果が出たのだが、それから、新しいトレーナーの対応が変わりだした。同じ検査で、肘の靭帯がないことを知ったからだろう（靭帯がないことを知り、私も驚いた）。筋断裂よりも肘の靭帯がないことを問題視したのだ。それからの対応は冷たく、距離を感じるようになった。あくまで肌感覚だが。

私はドジャースの選手として野球人生を終えようと心に決めていたが、入団から3年目の2008年に放出された。それも肘の靭帯が理由だろう。

翌2009年、レッドソックスとの契約の際に年俸ベースを1億円下げられた理由も、この靭帯のせいだった。レッドソックスのドクターは私の肘の内側をグイグイ伸ばし、痛いだろ?と聞いてきた。痛い！　当たり前だ！

実はそれ以上の疑いを持たれていた。それは前年（2008年）のドジャース時代の前腕の故障は肉離れではなく、靭帯損傷では?と疑われたのだ。

投手の肘の故障は球団にとっては爆弾でしかない。一度、肘が爆発したら、年俸数億の投手が戦力ではなくなるわけだから、当然と言えば当然である。

そんな理由で、契約前のメディカルチェックで、私とレッドソックスの間に大きな亀裂が生じてしまった。

が、私のアメリカのエージェントは、現在、大谷翔平選手の代理人も務める凄腕《すごうで》のネズ・

バレロである。彼が、ベースを下げる代わりにインセンティブを上げる契約を取りつけ、私は契約書にサインした。そしてその年、医学上、内側側副靭帯がない39歳の私は、56試合に登板し防御率２・43、ＷＨＩＰ《ウィップ》（１イニングあたりに許した出塁数）１・35の成績で、インセンティブを満額、勝ち取ってみせたのだ。

靭帯がない（？）私のためのトレーニング

内側側副靭帯がないと言われても、私の感覚ではある。あると言っても、内側側副靭帯が仮に１００本の束とするなら、かろうじて４、５本、残っている感覚だ。

そのかろうじて残っている４、５本の靭帯を補うべく、二頭筋、三頭筋の内側を鍛えるトレーニングを、南谷さんが考案してくれた。３日に一度、必ずこのトレーニングを行っていた。

このトレーニングは、自主トレの際のチーム齋藤の必須トレで、全員が悲鳴を上げながら取り組んでいた。そのおかげか、今でもＤｅＮＡベイスターズのイベントで、ちょっとキャッチボールした後に、１２０キロ程度はすぐに投げられる。２０２５年現在55歳の自分でも驚きだが、やはりトレーニングを積み重ねてきた証以外のなにものでもない。

東北楽天ゴールデンイーグルス引退を決めた2015年シーズンの前半は、ファームで2回、147〜148キロを投げていた。肩も肘も痛くなく、45歳まで現役を続けられたのはトレーニングをストイックに続けてきたからだと断言できる。

そしてそのトレーニングの積み重ねのおかげで、私は右投手としては現役最年長選手（当時）になっていた。また同学年——昭和44年度生まれのプロ野球選手として、最後の現役選手になった。これは自分の誇りであると同時に、丈夫に産み育ててくれた両親に感謝したい。加えて、南谷さんと二人三脚で歩んできた奇跡の〝軌跡〟なのだ。

自分のBOTTOMと30歳からのトレーニングの成果

私の場合、身体全体で考えると股関節がBOTTOMだった。

原因は、52ページで少し触れたように、高校時代に遡る。高校の野手時代、ベースランニング中にサードコーチャーからベースの外側へのスライディングの指示があった。できもしないのに、何の迷いもなく右脚をたたむようにフックスライディングをしたのだが、自分の身体が右脚を巻き込み、布切れを裂いたような音と共に、弁慶の泣き所を骨折。

1学年上の先輩が、グラウンドから近くの整形外科へおんぶで運んでくれたのだが、その間、激痛で気を失いそうだった。

すぐに手術室に入れられたが、なぜか整骨院のように、身体を2人、脚の付け根を1人、膝上を1人が押さえつけてくる。そして院長先生が、折れた脚を掴み、「せーの」と言って引っ張ったのだ。「ぎぎゃーーー!」。私の声は病院中に響いたに違いない。

院長が「よし」と言うと、痛みで意識が遠のく中、右脚にギプスが巻かれた。

2カ月以上経って退院したが、右脚が左に比べて3、4センチ短く、湾曲して外に捻りが加わる形で治癒してしまった。爪先が外に向かっている。今思えば、せめてプレートで固定する手術をしてほしかった……。

アイススケートでは真っ直ぐに進めない。スキーでは、左の板の後ろを右の板の後ろが踏んづけてクロスしてしまう。右脚が短いせいで歩き方に癖があり、走ると右脚の外側にしか体重が掛からず疲労しやすく遅い。アスリートとしては致命的だ。この右脚が股関節に大きな負担をかけ、引退までずっと苦しめられるのだ。

そんな後天的なハンデによって、股関節の可動域に制限があり、それを克服するために臀筋群——特に中臀筋、梨状筋などのトレーニングを集中して行ってきたのは、これまで説明した通りだ。

1992年、横浜大洋ホエールズに入団した時の私の身体は、臀筋もハムストリングも細く弱かった。30歳からトレーニングを始めて、下半身を中心に徐々に身体が強くなっていくのが感覚でわかったが、マウンドで成果が表れるのはまだ先の話になる。それがメジャー挑戦と重なったのは奇跡的だった。

トレーニングを積んで身体が大きくなるには、筋細胞の破壊と再生を繰り返す必要がある。破壊といっても微細なもので、怪我のレベルではないが、どこまで自分を追い込むかがとても重要なポイントになる、それを見極めるのがパーソナルトレーナーの重要な役割である。加えてマシンを使うかフリーウエイト（機械が運動の姿勢や軌道を制限しない、バーベルやケトルベル、鉄アレーなどを使うトレーニングのこと）にするか、インターバルやレップ数などをどうするか、ウエイトトレーニングは奥が深い。

私は南谷さんに全幅の信頼を置いていたので迷いはなかったが、アスリートにとってトレーニングの成果はわかりにくいことが多く、何をもって成果とするかは難しい。

私の場合、トレーニングを始める前、1999年までのデニムのウエストのサイズは32インチだった。それが2006年以降、メジャー移籍後には38インチにまで大きくなった。これは大腿四頭筋、ハムストリング、大臀筋のサイズアップが主で、太ったわけではない。実に15センチの筋肥大だ。

30歳からトレーニングを始め、当時のベイスターズで最速153キロ（クローザー時代）の投手が、7年後の2007年、ドジャースの2年目に、99マイル（159キロ）の日本人最速投手になる。

トレーニングとは、こんなにも時間のかかる地道な努力の積み重ねであり、同時に球速を上げることに注力していたわけではないことは、これまで述べた通りだ。

アウターマッスル（大きな外側の筋肉）とインナーマッスル（深い内側の筋肉）のバランスなど、様々な要素が重なり、トレーニングの成果として99マイルが出たというのが私の感覚だ。もっとシンプルに言えば、アウトを取るために99マイルが出たのだ。

だから本書のタイトル（『37歳で日本人最速投手になれた理由』）に答えるとすれば、アウトを取るため、ということになる。

パーソナルトレーナーとチームトレーナー

私のパーソナルトレーナーの南谷さんは、リハビリのスペシャリストだ。ここまで述べてきたように、彼は私の最大筋力値を上げながら、ウィークポイントへの最良のアプローチをしてくれた。その結果、私の投手としての能力が最大限に引き出された。実はここまで選手と向き合ってくれるパーソナルトレーナーは、いそうでいない。

もちろん、プロ野球選手の身体を見る球団のコーチやトレーナーの方々は、昔とは比べものにならないほど優秀である。感覚に頼るだけでなく、データを取り、トレーニングメニューを緻密《ちみつ》に組み立てる。

しかし、それでもマンツーマンのパーソナルトレーナーと同じではない。なぜならチームのフィジカルコーチが1人で預かる選手の数が多いからだ。コーチの能力の問題ではない。投手、野手に分かれても1人で10～15人程度の選手を預かるため、パーソナルトレーナーにはなりきれない。

また、球団外のパーソナルトレーナーの方々も、個々の選手に合わせたオリジナルのプランニングをしているだろうが、どこかで球団のトレーニングとの折り合いをつけなければならない。実際に選手と個人契約を結んだパーソナルトレーナーには、球団との関係を含め、様々な苦労が付きまとうようだ。だから、自分が勤めるジムをわざわざ辞めてまで、選手１人のために全ての時間を費やすパーソナルトレーナーという存在は現実的ではないし、ほぼいない。

ほぼいないと言ったが稀《まれ》にいる。それは高い年俸を保証された選手が、パーソナルトレーナーの生活を保障するケースだ。日本国内でＦＡを獲得した選手が、移籍に伴い、チームのトレーナーをそのまま引き連れて個人契約を結ぶことはよくある。

そのトレーナーも、昔は治療のためのトレーナー――鍼灸《しんきゅう》師資格を持った指圧師が多かった。移籍後、数年間は良いものの、その後どうなったか。細かく調査していないが、あまり良い結果になっていないことが多いように思う。

南谷さんも、楽天、埼玉西武ライオンズの２球団でトレーナーとして選手と向き合っていた。ＡＴ（スポーツトレーナー）、ＰＴ（理学療法士）にかかわらず、資格を持った方は、プロ球団、取り分けプロ野球チームのトレーナーになることを一度は夢見るようだ。

ちなみに、プロ野球チームが所属トレーナーの資格を細分化しだしたのは最近の話。先に触れたように、昔のプロ野球界には鍼灸マッサージ師しかいなかった。

南谷さんがプロ野球チームに入ってからの口癖は、「俺は学校の先生タイプじゃない。塾の先生が合う」というものだった。つまりチームに入って全体を診《み》るより、個人に付くほうが自分の能力を発揮できると察していたのだ。

突出した専門知識を持つ南谷さんは、私の身体を完璧に理解してくれた。彼の最大の能力は、リハビリ選手をどのタイミングでグラウンドに送り込むかの判断に優れていることだ。そういう洞察力に長《た》けていた南谷さんに診てもらっていたからこそ、私は長く現役を続けられたのだろう。

私の身体が完全ではないシーズン後半には、「この肩の痛みに対してはこのトレーニングにボリュームを持たせろ」「このトレーニングの重量は下げずに回数を減らせ」など、的確に指示してくれた。そこまでできるのは、誰よりも私の身体と、トレーニングの本質を理解していたからだろう。

先に述べたように、チームトレーナーが抱える選手の数が多すぎるというのが、日本のセ・リーグ、パ・リーグ、メジャーのナ・リーグ、ア・リーグ全てを経験した私が共通して感じる点である。チームトレーナーの方々もとても優秀だ（南谷さんもチームトレーナーだった）。

加えて、人間同士なので相性が大きく関わってくる。新人への指示は比較的素直に聞き入れられるだろうが、何年もプロの世界にいる選手は、コーチやトレーナーの能力や実力が見えてしまう。これは良し悪しではなく仕方のない事実であり、誤魔化しが利かない。

もし私が将来、チーム改革を進める立場になることがあれば、ここは見落としてはいけない部分だと感じている。

投手の筋肉のタイプ

トレーニングの話は奥が深くキリがないので、これで最後にしておこう。

筋肉には、遅筋（赤筋繊維）、速筋（白筋繊維）、中間の筋肉（ピンク筋繊維）が存在するといわれている。そして、この三つの筋繊維のどれが優位であるかによって、先発投手向きかリリーバー向きかどうかに大きく作用するのではないかと、自分の経験とその後の学びから考えるようになった。

私の生涯成績を見てほしい（次ページ参照）。先発とリリーフに分けると一目瞭然、私の

▶生涯成績◀

年度	球団	登板	先発	完投	完封	勝利	敗戦	セーブ	ホールド	勝率	奪三振	防御率	WHIP
1992	大洋 横浜	6	2	0	0	0	2	0	—	.000	21	8.44	1.75
1993		29	23	2	0	8	10	0	—	.444	125	3.81	1.26
1994		28	27	7	3	9	12	0	—	.429	169	3.13	1.35
1995		26	26	2	0	8	9	0	—	.471	132	3.94	1.30
1996		28	27	11	2	10	10	0	—	.500	206	3.29	1.12
1997		0	—	—	—	—	—	—	—	—	—	—	—
1998		34	18	1	0	13	5	1	—	.722	101	2.94	1.07
1999		26	26	5	2	14	3	0	—	.824	125	3.95	1.13
2000		19	19	1	1	6	10	0	—	.375	97	5.52	1.37
2001		50	0	0	0	7	1	27	—	.875	60	1.67	1.01
2002		39	0	0	0	1	2	20	—	.333	46	2.45	1.09
2003		17	17	1	0	6	7	0	—	.462	72	4.18	1.21
2004		16	7	0	0	2	5	0	—	.286	37	7.71	1.74
2005		21	16	0	0	3	4	0	1	.429	93	3.82	1.33
2006	ドジャース	72	0	0	0	6	2	24	7	.750	107	2.07	0.91
2007		63	0	0	0	2	1	39	1	.667	78	1.40	0.72
2008		45	0	0	0	4	4	18	0	.500	60	2.49	1.19
2009	レッドソックス	56	0	0	0	3	3	2	2	.600	52	2.43	1.35
2010	ブレーブス	56	0	0	0	2	3	1	17	.400	69	2.83	1.07
2011	ブルワーズ	30	0	0	0	4	2	0	10	.667	23	2.03	1.13
2012	ダイヤモンドバックス	16	0	0	0	0	0	0	2	.000	11	6.75	1.83
2013	楽天	30	0	0	0	3	0	4	4	1.000	25	2.36	1.31
2014		31	0	0	0	1	1	3	9	.500	21	2.59	1.34
2015		3	0	0	0	0	0	0	0	.000	1	7.71	2.57
NPB：16年		403	208	30	8	91	81	55	14	.529	1331	3.75	1.24
MLB：7年		338	0	0	0	21	15	84	39	.583	400	2.34	1.06

身体はリリーバータイプだということがわかるはずだ。筋肉の性質上、私の身体は毎日、あるいは1日おきに投げることに向いていると思われる。

これもエビデンスはないし仮定の話だが、遅筋と速筋は先天的な要素が大きく、中間のピンク筋は後天的な要素が大きいと思う。

例えばキャンプでの投げ込みは、ピンク筋を形成するための最も重要な反復練習だと感じる。その大本には、先天的な筋繊維の優位性が隠れており、それによって投手は大きく、次の三つのカテゴリーに分けられる。

1、速筋優位で、速い球を投げるリリーフ向きか、先発でも完投の少ない100球タイプ（メジャーの先発投手はこのタイプが多い）。

2、遅筋優位で、比較的球は遅く、スタミナのある先発完投型（日本の先発投手はこのタイプが求められる）。

3、両方を持ち合わせている、松坂大輔のような、数年に1人とか十数年に1人しか現れない怪物と称される逸材。

こういう分け方が、シンプルで最もわかりやすいのではないだろうか。

私は大学2年の秋から投手に転向したので、投げ込みの回数や球数は高校から投手をしている人よりは少ないはず。ということは、マウンドでの経験は少ないが、肩や肘の消耗も少ないと考えられる。

ただ一つ確かなのは、「後天的要素」――つまり努力しない者は淘汰《とうた》されるのが早く、努力する者は大成する可能性が高い、ただし、プロにおいて努力は絶対ではない、ということだ。

第3章　パドレスのインターンになる

ドジャースの2人の恩人との再会

メジャーリーガーとして2006年から7年過ごしたアメリカに、楽天でプレーした3年を挟み、パドレスの球団職員として戻ることになった。2016年のことである。

そのいきさつはこうだ。

2015年の楽天でのシーズンのお盆の時期、2軍で怪我なく投げていたが、1軍に呼ばれることはない状況だった。プロ23年目の45歳のシーズン、自ら引退を決断した直後の頃だった。

そんな時、2006年当時のドジャースのスカウトだったローガン・ホワイトとエーシー興梠さん（15ページ参照）が来日中と聞いた。選手を視察し、翌日に羽田から帰国するという（ローガンはパドレスのシニア・アドバイザー、エーシーさんは同じくパドレスの環太平洋オペレーション部長を務めていた）。

いてもたってもいられなくなり、新幹線のチケットを購入しに行ったが、お盆で仙台から東京までの新幹線は全て売り切れ。なぜか宇都宮までなら空きがあり、チケットを買い、そこからハイヤーで羽田空港まで行くことにした。

なぜそこまでして、と思われるかもしれないが、そもそも私がドジャースに入団できたのは、彼らが当時のGMに猛プッシュしてくれたおかげだからだ。そのことを後になって知った。彼らは恩人なのである。

2002年にFAの権利を取得した時は、国内外を含め、広い視野で検討した結果、ベイスターズから3年の複数年契約を提示していただき、そのままベイスターズに残る決断をした。

2005年は3年契約の最終年。FAもなく、ポスティングもなく、球団に自由契約を直談判して認めてもらい、メジャーを目指した。

前述のように、私がメジャーを目指したときに最初にオファーをくれた球団は、シンシナティ・レッズだった。ただしマイナー契約で、年俸は5万ドル（日本円で500万円。1ドル100円で計算）。その後、ドジャースが同条件ですんなり受け入れてくれたと思っていたのだが、実は、先の2人が、私と契約する気がなかった当時のドジャースのアシスタントGMに猛反発して推薦してくれていたという。

「5万ドルでこのクオリティーの選手が取れるんだぞ！　取らない理由があるのか?!」と、私に見向きもしないアシスタントGMを飛び越して、球団トップのGMの部屋へ押し入って、私の投げる映像を見せて、猛プッシュしてくれたそうだ。

そのおかげで選択肢が二つになり、ドジャースを選択した。のちにGMが「こういうケースは直接（自分に）話を持ってこい」と2人に言ったそうだ。彼らのおかげでメジャーの扉が、いや、ドジャースの扉が開かれたのだ。

その2人に、野球選手を引退して第二の人生を歩むことを自分の口から伝えたいという思いが、自分を行動に駆り立てた。当日、予定通り新幹線とハイヤーを乗り継ぎ、羽田空港国際線の出発ロビーで彼らを待った。

実はエーシー興梠さんは、羽田空港で私が待っていることを吉本興業のスタッフから聞いて知っていたそうだ。だから、久しぶりの出会いは、ローガン・ホワイトへのサプライズとなった。

通路の角から2人が現れた。

「タカ〜シー！」

ローガンは驚きと喜びの表情を浮かべ、15メートルほどの距離を私のほうへ歩いてきた。私はローガンと向き合い、左側にエーシー興梠さんが立つ。3人がコの字になったこの時、なぜか国際線出発ロビーは人気《ひとけ》がなく静かだった。

「今シーズンで引退することに決めました。今までありがとう」

私の中に山ほどある引退への思いを抑えて、シンプルにこう伝えた。

数秒の静寂後、私より身体の大きい武道の達人は、涙を指で拭《ぬぐ》い、ハグしてくれた。ローガンの涙を初めて見た。

エーシーさんは涙声で、ローガンの言葉を訳してくれる。

「今までたくさんの選手をメジャーに送り込んで来たが、引退の報告を受けたのはタカシが初めてだ」

続けて、当時の懐かしい話をいろいろ教えてくれた。

「タカシのルーキーイヤーのシーズン後、タカシじゃない別の選手を取ろうとしていたアシスタントGMはドジャースを去ったんだ。彼は辞める時に『今シーズン（2006年）、タカシがいなかったらドジャースはプレーオフに進めなかっただろう。私が間違っていた』と言い残してたよ」

積もる話の最後に、ローガンは私の心配をしてくれた。

「来シーズンは何をするんだ?」

「何も考えてない」と言った後に、私じゃない私の中の誰かが咄嗟《とっさ》に「パドレスで雇ってくれない?」と言っていた!

「わかった。アメリカに帰ったらすぐGMに話す」

ローガンの返事は早かった。


後から知ったのだが、ローガンはスカウトからの叩き上げで、その時すでにパドレスで自らの力で出世していた。私をパドレスに入れるなんて煩《わずら》わしいだけなのに、彼は本気で動いてくれた。エーシーさんから、私をパドレスで雇うという電話が来るまで、数日しか要さなかった。

NPBのセ・パ両リーグでプレーし、横浜(1998年)でも楽天(2013年)でも日本一になった。MLBのア・ナ両リーグで7年間プレーし、5回のプレーオフを経験した。こんな幸運に恵まれた野球人生を過ごした私だが、引退後にメジャー球団のベースボール・オフィスで働くチャンスをもらえるなんて、想像もしていなかった。コーチでもなくアドバイザーでもない、ベースボール・オフィス勤務の１人なんて、絶対に日本人初だ。

このことを妻に相談──というより半ば決定事項のように話した時の反応が忘れられない。

「また行くの〜?!」

ごもっともな反応がツボに入り、思わず笑ってしまった。と同時に、この新たな挑戦を認めてくれた妻に感謝した。

エーシーさんとローガン──彼らにまた新たな扉を開けてもらった。

サンディエゴ・パドレスのインターンになる

楽天引退後の翌２０１６年、私はインターンとしてパドレス入りした。インターンなので無給である。マイナー契約でドジャースに入り、無給でパドレスに入るとは、私の人生はほとほとお金の神様にソッポを向かれているのか。

それでも、この選択が必ず役に立つ時が来る、私が必要とされる日が来ると信じて、パドレスのベースボール・オフィスの門を躊躇《ちゅうちょ》なくくぐった。

それからどれくらいの時間が経っただろう。私の契約内容について周りがざわつき出した。

無給でインターンを雇うことに少々問題があるというような話になり、程なく私は正式なスタッフとして賃金をいただけることになった。お金の神様はソッポを向いていなかったようだ（笑）。給料が出るようになっても、やることは変わらない。

私の人生は、なぜかいつもこんな感じだ。振り返ると笑ってしまう。そういう星の下に生まれたのか、御先祖様に護《まも》られているのか、不思議と運がある。

さて、私はパドレスの社員として、ホームゲームを毎試合GMルームで観戦していた。

GMルームはホーム球場（ペトコ・パーク）の上段部に位置する。入り口のドアを開けると、警備員が必ず立っており、毎回IDと顔を繰り返し見比べられた。警備員は数人のローテーションで回っているためか、なかなか顔を覚えてもらえない。結局、覚えてもらうまでに1カ月近くかかった。覚えてもらってからは、GMルームを手で示してくれるようになった。

室内に入ると、床は白くて大きなタイル張りで、左の壁に大きなテレビモニターがあり、それを観るための大きなソファーがコの字形に置かれている。テレビモニターの下の棚には、時間になると美味しい料理がふんだんに並び、スタッフはいつでも自由に食べられる。

その部屋の先には大きな扉が二つある。右の扉はビジネスサイドの社長専用の部屋で、来《らい》賓《ひん》を招いたり、社長の部下や家族が来たりする。左の部屋がベースボール・オフィス・サイド、いわゆるGMルームだ。

どちらの部屋も、7、8人が座って試合を観戦できる広さだ。扉を開けると、まず4人が座れるハイテーブルにハイチェアがある。GMのA・J・プレラーはいつもここに座る。右の壁には、6台のテレビモニターが綺麗に並んでいる。GMはホームゲームを観ながら、他の試合やマイナーの試合もチェックするのだ。

さらに奥へ進み、ステップを3段ほど降りると、ガラス張りの扉の前に4、5人が座って試合を観られるカウンター席がある、ガラス張りの扉を全開にすると、ペトコ・パーク全体を見渡せる。高所嫌いの私でも身を乗り出して眺めたくなるほど、全てが特別な空間だ。メジャーならではの恵まれた環境だったのだと今でも痛感する、憧れの部屋だ。

1800人をリストアップ――ドラフトに向けての準備

1800人――この人数は年に一度、3日間かけて行われるドラフト（アマチュアドラフト）を前に、パドレスのスタッフとスカウトが1週間かけてチェックするアマチュア選手の数である。ドラフトで指名するアマチュア選手は約40人。そのために、1800人もの選手をリストアップするのだ（新型コロナ感染症のせいでマイナーチームが減少したため、今は数は減ったと聞いているが、2016年は確かに1800人のアマチュア選手をチェックした）。

「タカシも体調を整えておいたほうがいいよ」

若いスタッフがアドバイスをくれた。

その時は、体力には自信があるから大丈夫だと思っていた。

ドラフトが1週間後に迫った日のこと。

普段はほとんど使わない大きな部屋に、スライドを映すための大きなスクリーンが一面、その左右に大画面のテレビモニターが一台ずつ、ポジションごとに選手の名前がずらりと並んだホワイトボードがいくつも置かれた。この光景だけでも、メジャーリーグのすごさが象徴されている。

そのスクリーンの真正面、離れること5、6メートルの位置にGM席があり、A・J・プレラーが座る。GMの左には、アシスタントGMのジョシュが陣取る。彼は金庫番も兼ねており、GMとお金の話もできる。その横には伝説のベテランスカウト、ドン・ウェルキーがいて、そこから直角に配置された長テーブルには、データ組4人が並ぶ。彼らは私がいつも一緒に働く仲間たちだ。

GMの右にはローガン・ホワイト、その隣は空席になっており、選手のデータを発表するスカウトが入れ替わり立ち替わり座る。そこから直角に配置された長テーブルには、エリアスカウトのトップが数人並ぶ。その右後方のホワイトボードの前には、若手のスタッフが2人立っている。

私はGMの後方に3台並ぶ丸テーブルの空いている席に陣取り、会議を見守っていた。

会議の時間に合わせて、早朝から20人近いスタッフが集まってきた。皆、軽い朝食を兼ねてベーグルやコーヒーを手にしているので、会場が賑《にぎ》やかにカフェ化する。だが、GMが話し始めると皆が着座し、口を閉じるので、ミーティング会場は次第に静まっていく。GMの、決して大きくない声での早口のスピーチが広い部屋に響く。所々理解できないのが、とても残念だ。

この日はまだドラフトの7日前にもかかわらず、ウインター・ミーティング（後述）やキャンプ開始の空気感とも異なる。リラックスしているスタッフはいない。好きなタイミングで眠気覚ましのコーヒーを飲んだり、お菓子をボリボリ音を立てながら食べたりするのは私くらいだ。

ドラフトが今後のチームの戦力を大きく左右することを全員が理解している。それだけのビッグイベントであることが伝わってくる。時折、オーナーが様子を見守りに来る。

驚きの集中力

開始から何人の選手のデータを見聞きしただろうか。サンドイッチが運ばれてきた朝9時から始まり、すでに13時を回っている。良い選手の説明は見聞きしていても楽しいから、あっという間に時間が過ぎる、全員共通の休憩は、10分ほどのランチタイムとトイレタイムのみ。あとは各自のタイミングで食べたり飲んだりしながら、ミーティングは続けられる。

会議が進むにつれて、選手の紹介をするエリアスカウトの話し方に特定のパターンがあることに気づく。名前、年齢、ポジション、彼らの現在と将来的な見立てなどだ。同時にGMから、選手情報に関して細かい質問が飛ぶ。その答えがしどろもどろだと「今まで何を見てたんだ」と、誰も口にはしないが、ミーティングルーム内の空気がドヨンと淀《よど》むのがわかる。

細かな部分を抽出するのは、チームに入ってどのように成長するか、成長してどのような選手になるかを見極めなければならないからだ。加えて、ドラフト時に似た実力の選手が残っている場合、限られた時間内でどちらの選手を獲得するか判断しなければならないからでもある。

そんなこんなで18時前に、晩飯らしき中華料理がたくさん運ばれてきた。パンダ・エクスプレスである。この中華料理はサンディエゴだけでなくアメリカ中で人気だ。その証拠にペンタゴン（アメリカ国防総省）にも入っている。アメリカが認めた国民食だ。

実は、アメリカの球団であるパドレスの中にも、年功序列のようなしきたりがある。若いスタッフは、先輩が食事を取った後に取りにいくのだ。なので人気のおかずは先になくなり、40分ほどで平らげられた。

その間もGMは電話片手に出たり入ったりで落ち着く間もない。

その後どのくらい経っただろうか。なんと夜食が運ばれてきた。メジャースタッフの、ここぞという時の集中力に驚いた一日が終わったのは、22時を回った頃だった。これがあと6日間続くのか⁉

1日かけて100人以上の選手のデータを見聞きしたが、その日、トイレ以外で私がその部屋から出たのは、来賓の対応での1時間ほど。ほとんど缶詰め状態で時間がどんどん過ぎていく。いつまで続くのか？と心配になるほど長い。それでも何時に終わる？なんて聞ける雰囲気は一切なかった。

若いスタッフの「タカシも体調を整えておいたほうがいいよ」という言葉が初日から重くのしかかる。考えてみれば、ここには、能力の高さもさることながら、全米中の野球好きの中の野球好きのスペシャリストが集まっていたんだと、改めて思い知らされた。

解散前、明日は「グラウンドに朝8時集合」と言われたが、いったいどういうことだ？

実際のプレーで最後の売り込み――ショーケース

翌朝8時、グラウンドに行くと、選手が次々と集まってくる。

メジャーチームにドラフトで取ってもらおうという選手が、最後のアピールとばかりにピッチングやバッティング、フィールディングなどを見せるために集合しているのだ。数人から数十人、日によって人数は違うが、ドラフト・ミーティング前、朝8時頃からプレーの実演で売り込みを行う。

日本球界では聞いたことがない仕組みだが、やはりアメリカ、メジャーは発想が面白い。ただ、そこに掘り出し物の選手はほとんどいない。すでに映像でチェック済みの選手ばかりだが、数パーセントでも可能性がある限り見るのだ。

これはＧＭのＡ・Ｊ・プレラーの考えだろう。小さな可能性から生まれた何かが、のちにチームを大きく変えることもある。様々な球団で認められ続けた彼は、ＧＭになってからもディテールにこだわりを持ち続けている。

それにしても、朝から選手を生で見た後に、またミーティングルームで１００人以上を夜中までチェックし続けるのか……。まだ2日目の朝なのに、今日はコーヒーを何杯飲むことになるのだろう。ドラフトが終わる頃にはカフェイン中毒になりそうな気がする……。

ドラフト当日

ドラフトを前に、スタッフの眼は真っ赤に充血し、かなり疲労が溜まっているのは誰の目にも明らかだ。だが、その日は容赦なくやってきた。

ドラフト初日、正装したスタッフが準備万端のミーティングルームに集まり、東海岸時間に合わせて完全ウェーバー制（前年のレギュラーシーズンの順位に従って、下位球団からドラフト候補選手を指名できる制度。これにより重複指名はない）のドラフトが始まる。

UFOを小さくしたような丸い形のマイク兼スピーカーから「次はパドレス、5分以内にお願いします」と進行役の声がミーティングルームに響く。

GMと数人のGM補佐たちが会話を交わす。指名選手が決まったらUFOの一部を指で押さえる。中堅のスタッフが、まず「サンディエゴ・パドレス」と球団名を名乗り、続けて指名する選手の名前、学校名を告げる。UFOから指を離すと自然と拍手が湧く。

各球団が指名選手を発表するたびに、ホワイトボード前の若いスタッフが、ポジションごとに順位付けされているネームプレートを外していく。指名された選手が一人、また一人と消え、ホワイトボードに隙間ができてくる。

あんなに時間をかけたのに、リストアップした選手があっという間に消えていく。狙っていた選手が一つ前の球団に指名された時の悔しさとバタつき――これを体感すると、ドラフトが生き物に喩えられる意味が理解できる。

お気づきだろうが、メジャーのドラフトは、日本のドラフトのように球団が1カ所に集まることはない。言うまでもなく、北アメリカ大陸は広大で、各地に点在する球団が集合するのは効率的ではないからだろう。

「鯨の子」を見つけるのが仕事

前述のように、ドラフト当日は皆、ネクタイ姿の正装だ。GMのA・J・プレラーと親子のような師弟関係にある伝説のスカウト、ドン・ウェルキーは真っ赤なジャケットを羽織っている。GMのAJも赤いジャケットでお揃いだ。

聞けば、ウェルキーさんはドラフトの日は縁起を担いで必ず赤いジャケットを着るそうだ。ＡＪもそれに倣《なら》い、毎年恒例になっているという。

以前オフィスで、ウェルキーさんと数人の若手スタッフを交えて話をしていた時、ウェルキーさんがスカウトの核たる話をしてくれた。その中で今も忘れられないのは「タカシ、スカウトは大海を泳ぐ鯨の子供を見つけるのが仕事なんだ」という言葉だ。魚の子供に紛れた鯨の子を見つけること。

お歳も召され、その時すでに現場を離れていたウェルキーさんの肩書きは、スカウト業務担当部長だった。ＡＪの相談役がメインで、空いている時間は我々若いスタッフのアドバイザー的な役割だった。体調の良い日はオフィスに顔を出し、楽しい話でみんなを和ませてくれた。

〝コーチ〟の愛称でスタッフの誰からも愛されたドン・ウェルキーさんの訃報《ふほう》が、２０１８年9月、日本にいた私の許《もと》に届いた。50年以上も活躍した伝説のスカウトから大切な金言を授かったことは、私にとって間違いなくプライスレスだ。

野球に全てを捧げ、生ける伝説と呼ばれた彼と、短期間ではあったが仲間として野球の話ができたことに大いなる感謝をすると共に、心からご冥福を祈る。

「一番を全てチェックしろ」――スカウティングの極意

パドレスGMのA・J・プレラーは、野球経験はないが、ウェルキーさんからスカウティングを学んだ努力家である。一方のローガン・ホワイトは選手としてメジャーを目指したが、肩を痛めて引退、スカウトからシニア・アドバイザーにまで上り詰めた。どちらも叩き上げで、当然のことながらスカウティングを重要視している。

2016年のキャンプ中、北海道日本ハムファイターズがアリゾナでパドレスの施設を使ってのキャンプを終え、日本に帰国してまもなくのこと。

ローガンが「明日、大学の試合に行くぞ」と、アリゾナの大学生の試合に私を連れていった。そして実地で、ビデオカメラをどこにどう設置するかや、スピードガンとストップウォッチの使い方を教えてくれた。

何と言っても一番の教えは、「両チームの一番を全てチェックしろ」だった。

一番とは、足が速い一番、肩が強い一番、打球が速い一番、カーブの曲がりが大きい一番、球が速い一番、守備が上手い一番――とにかく一番をチェックするんだと、スカウトのイロハを教えてくれた。初めてのスカウト修業では、一番を必死に探しながら、投手の球のスピードをチェックし、打者の一塁到達タイムを測り、メモしていた。

スカウトの仕事はたくさんやることがあって忙しい。一方、打者を見に行ってもノーヒットだったり、守備が良い選手を見に行っても、守備機会がなかったりするのは日常茶飯事だ。ひどい時はお目当ての選手が出ないこともある。本当に最悪だが、それでも数パーセントの可能性があれば見に行くのがスカウトの仕事だ。

将来の鯨をスカウティングできれば、必ずチームは強くなる。彼らもまたワールドチャンピオンになるために全てをパドレスに捧げている。

A・J・プレラー、ローガン・ホワイト――スカウト方法は全く違うが、どちらもスカウティングのプロだ。到底敵《かな》わないが、私は彼らにないグラウンドで培《つちか》った眼や感覚を持っている。日本球界のスカウトはほとんどが選手上がりだ。このように日米の状況は違っても、スカウティングやリクルーティングがチームの行く末を大きく左右することは、誰も疑うことのない事実だろう。

いずれにせよ、最も難しいのは、選手の成長に時差が生じることだ。1軍で活躍するタイミングがいつになるのかを予測するのはとても難しく、誰もコントロールできない。現段階ではこのように考えている。

為替レートと外国人選手

２０１６年に初めてＭＬＢドラフト・ミーティングを経験してから、ドラフト漏れした学生がとても気になるようになった。その選手を日本に連れて行けたらなあ、と考えるようになったのである。そう考えるようになってから、為替レートがとても大きな影響を及ぼすことに気づいた。

２０２４年10月のある日の為替レートは、１ドル１５０円程度だが、もし１７０円まで円安が進んだら、年俸２００万ドルの選手が、日本円で年俸3億円から3億４０００万円の選手に変わる。ちなみにＮＰＢの選手の平均年俸は未だ５０００万円に届いていない。

大谷翔平選手の10年１０００億円超の契約も、ドル円の為替レートがそうさせているのだが（実際の契約は10年7億ドル）、日本球団もドルを持っていないと、円安基調の為替傾向では、優れた外国人選手を獲得できなくなる可能性がある。野球と政治・経済は密接につながっている。

ハーパーかマチャドか？

2018年のオフ、パドレスオフィスにとんでもないグッドニュースが舞い込んだ。ブライス・ハーパー（当時ワシントン・ナショナルズ所属）とマニー・マチャド（当時ドジャース所属）、FA市場に名を連ねた2人のビッグネーム獲得に、パドレスも名乗りを上げることになったというのだ。どちらもこの上ない戦力強化になる。

ワールドチャンピオンになるために、どちらがパドレスにマッチするか？　オフィス内はオーナー以下、あちらこちらで議論が繰り広げられていた。

私はマチャドを推した。乱闘を招く原因の中心にいるなどダーティーなイメージもあったが、彼はいつもチームの勝利のためを考えて行動していた。決して自分勝手な選手ではないことを知っていた。加えて、少しやんちゃなところも、当時のパドレスのおとなしい選手の中に必要なピースだと私は考えていた。ベースボール・オフィスのスタッフたちと、そんな熱い議論を闘わせていた。

すでに周知の事実だが、私の意見とは全く関係なく、パドレスにマチャドが加わることが決まった（２０１９年２月）。その時そばにいた若いスタッフに「タカシの意見が通った」と冷やかされたことが、昨日のことのように思い出される。

「なぜこちらから教える必要があるんだ」――マイナーチームの視察

私はサンディエゴに住んでオフィス通い（ペトコ・パーク内）をしていたわけだが、メジャーチームがビジターに出ている時は、わりと時間を持て余していた。そこで、パドレスのアジア部門のトップ、エーシー興梠さんに、マイナーチームを視察することを相談し了承を得た。

サンディエゴからアリゾナのマイナー施設まで、片道約6時間の道のりをドライブ。アリゾナに数日滞在しながら（もちろん全て球団持ち）、マイナーの監督、コーチ、選手とコミュニケーションを取る。一度だけでなく、何度も足を運んだ。

そんな日々を過ごしていたある時、守備が上手く足は速いが、盗塁の下手な――というかスタートを切れない――若い選手に目が行くようになった。

ある日、試合後にマイナーの監督に「彼に盗塁の技術を教えているのですか？」と尋ねた。

答えはＮＯ、つまり教えていないと言う。「スキルではなくメンタルの問題だ」と返ってくると予想していたので驚いた。そして「なぜこちらから教える必要があるんだ」と言う。この監督は何を言っているんだ？　私は一瞬からかわれているのかとも思ったが、監督は真面目な顔でこう続けた。

「聞く気がない選手に何を教えても伝わらないだろ?」と。さらに「選手が自分でどうしたらいいんだ、と悩みはじめた時が、監督やコーチの出番だ。聞こうとするスペースが頭になければ何を言っても無駄だ」と付け加えた。

そう言われた時は、まさに目からうろこだった。

1軍（メジャー）から7軍（マイナー）まである組織の選手全員が、上手くなるにはどうすればいいか、いつも考えているはずだ。だが、打つことだけに集中している選手が多いのも事実だ。まして私が見ていたのは6軍にあたる組織のチームだ。中にはルールさえ把握していない選手もいる。そんな選手を預かっている監督やコーチからすれば、〈上手くなりたい〉を待つのも大切な仕事だと教わった気がした。

同時に、ＮＰＢにはあまりない発想だなあとも思った。日本の場合、70人という枠がある。

それ以外は育成になるが、せいぜい3軍（一部4軍も）と育成しかない日本は、1軍で活躍できる選手を一人でも多く育て上げていかないと勝てない。ましてや常勝軍団にはなり得ない。

対してMLBは、新型コロナの影響でチーム数が減ったとはいえ、アメリカ国内に4軍、5軍まで抱え、さらにドミニカにその下部チームを1、2チーム（つまり6軍、7軍）持って運営している球団がほとんどだ。

プレーヤーの絶対数の違いがMLBの「待つ指導」、NPBの「与える指導」の違いを生んでいるのだろう。そういう学びを得た。ただし、どちらにも良い所と悪い所はある。

同じプロ野球でありながら、組織の規模の違いが、こうした違いを生んでいることに気づいた出来事であった。

スター候補たちへのリーダーシップ講義

マイナーチームがシーズンを終えるのはメジャーより早い。仮にプレーオフに進んでも、試合数が明らかに少ないからである。

そのマイナーチームで1シーズン活躍した将来有望な選手を約20人程度呼び集め、教育を行う機会をパドレスは設けていた。将来のチームリーダーになりうるスキルの高い有望選手に対して、約1週間かけて開催される。

そこに呼ばれる選手は、将来のパドレスのスター候補たちで、彼らに様々な講義が行われるのだが、その中の一つにリーダーシップ論があった。

ペトコ・パーク内の広いミーティング・ルームに、リーダーシップ論の先生を招いて講義してもらう。私も一番後ろの端のほうで、邪魔にならないように聴講したのだが、内容はとてもシンプルだった。

講師がリーダーシップについての説明を10分程度した後に、「あなたはどのリーダーにあてはまりますか?」と尋ねる。そして映像が流れる。

有名なメジャーリーガーやアメリカンフットボール選手、バスケットボール選手、アマチュアのアメリカンフットボールの監督など、野球に限らず、アメリカにおける有名なリーダーが何人も映し出される。彼らが試合中や練習中に発する言葉や表情などを基に、リーダーシップのスタイルがいくつかにタイプ分けされる。

中には上手にリーダーシップを取れない人もいる。それを踏まえた上で、自分は意思を伝えるのが不得手だから、自分の行動や背中を見てほしいというタイプもいることが示される。そういうことを若いマイナーのプロスペクト選手に教えるわけだ。

それを聞いて気づかされたのは、全ての選手がメジャーに上がったらチームリーダーの意識を持ってほしい、プレーヤー全員がリーダーであるべきだというパドレスの強い方針だ。

講義のほとんどの時間は、講師とプレーヤーの間の質疑応答に費やされ、個々をオリジナリティーあるリーダーへと導いていく。私が現役の時の日本球界にもこんな教育システムがあったらなあと羨《うらや》ましく思った。自分にとっても学びの多い時間だった。

振り返ると、NPBでもリーダーシップ講義に似たものはあった。

私は、横浜大洋ホエールズ最後のドラフト1位入団（1991年）なのだが、入団後に行われた球団新人研修がそれである。その年のドラフト入団選手が温泉旅館に連れていかれ、有名な元サッカー選手の話を聴き、球団の方にファン対応や球団のルールなどの説明を受けた。上げ膳据え膳で温泉に浸かり、最後は宴会という一夜だった。

国も時代も違うと言えばそれまでだが、それにしても違い過ぎる。他の球団のことはわからないが、少なくとも横浜大洋ホエールズ最後の新人研修はそういうものだった。

ウインター・ミーティングとトレードショー

ウインター・ミーティングという言葉を聞いたことがあるだろうか？　メジャーとマイナーの全チームの関係者が集まり、様々な話し合いを行うＭＬＢの一大イベントだ。毎年12月上旬に開催される。

ウインター・ミーティングの最終日には、マイナーの現役選手をメジャーの各チームが獲得できる「ルール・ファイブ・ドラフト」（日本の「現役ドラフト」のモデル）も開催される。

このウインター・ミーティングでは、トレードショーと呼ばれるイベントも行われる。限られた予算内で最大の収益を上げるために、安くて良い野球関連商品を球団関係者は求める。それに応えるために開かれるようになったのがトレードショーだ。

１００円を切る野球グッズから、ファンの安全を守るネットや人口芝にフェンス、数億円、数十億円するオーロラビジョンまで、様々な野球関連商品が集まる。

また、現代の野球に欠かせないデータ系の機器などが集まる見本市でもある。

これを日本に置き換えれば、地域でお荷物になっている野球場が地域活性化の場として役立ったり、災害時の一時避難場所として整備されたりするなど、寂れた野球場の再生、活性化につながるのではないかと考えている。野球場の安全性の向上や環境整備は、プロ・アマ問わず、野球に携わる全ての人々の願いだと思う。

トレードショーのような〝野球フェス〟を、野球を愛する全ての人々のためにぜひ日本でも開催したいと考えているが、長い歴史による既得権益などがあり、簡単なことではないのかもしれない。

第4章　アメリカで学んだ野球ビジネス

野球を世界に広めるには

パドレスのオフィスで日本の野球の歴史を掘り下げている時にふと気になった。

野球は世界でどれだけの国に広がっているのだろうか？

まず、オフィスの壁に設置されたガラス製のホワイトボードに、簡単な世界地図を描いてみた。簡単に、と書いたが案外難しく、何度も描き直した。

次に、自分が知っている野球が盛んな国を赤で塗りつぶす。

アメリカ、カナダ、メキシコ、日本、韓国、台湾、中国、オーストラリア……黒と赤が混ざる。

さらに中南米の国々を塗っていく。場所を間違えそうだ。ドミニカ、プエルト・リコ（アメリカ自治領）、ベネズエラ、キューバ、パナマ、コロンビア、キュラソー（オランダ領）、ニカラグア……。

さらにさらに、オランダ、イタリア、チェコ、イスラエル、イギリスなどなど。

WBCで有名になった国もいくつかあるが、果たして国内でメジャースポーツなのかどうか。オランダにもプロ契約選手はいるが、どれほど盛んなのか見当がつかない。世界の国の数は196カ国だから、数だけ見れば、マイナースポーツと言われても仕方がないだろう。

こんな現状を踏まえ、今後世界に野球を広めるにはどうすればいいか？

かつての私たちがそうだったように、日本の野球アニメをその国の言語で放映するのも、一つの野球振興になりそうだ。ただ、最終的に野球そのものが楽しい、レベルの高い野球を観たいという欲求が高まらなければ、ファンの数は増えない。ファンの数が増えなければ、視聴契約数も伸びないし、放映権料も増えないだろう。

海外向けのコンテンツを持っていても、レベルの高い野球をしていても、観たいと思うファンの数が増えなければ、選手の努力も企業努力も頭打ちになる。その結果限られたパイの奪い合いになってしまう。

貧しい子でも野球観戦ができる仕組み

近年では、観客動員数でMLBの球団と肩を並べるNPBの人気球団もいくつかあるが、その事実と反するように、選手の年俸差は大きく開いている。むろんＭＬＢプレーヤーのほうが高いのだが、これはMLB Advanced Media の傘下にあるMLB.comやMLB.TVなど、放映権料の差が大きな違いになっていると言われている。そんな中、日本のスポーツ界は、ＤＡＺＮなどコンテンツ配信サービス企業との契約料でなんとか成り立っているなどと、まことしやかに囁かれている。

しかしながら、メジャーリーグの国アメリカも、経済的不安がないわけではない。ホワイトプアと言われる白人ホームレスが増えたことは、アメリカ人のプライドを大きく傷つけたと言われる。トランプ氏の大統領再選も、アメリカ人の経済的不安が大きな理由だとも聞く。

そうしたアメリカの国内情勢と関連があるのか、野球をテレビで観られない子供も少なくないそうだ。理由は有料放送、有料配信に移行したからだと言われている。

どの国にも貧しい環境で育つ人は必ずいる。そういう子にも野球に触れてもらうにはどうすればいいだろうか？

皆さんはご存じだろうか。ほとんどのメジャーの球場には、金網越しだったり外野席の間だったり、無料で野球を観られるゾーンが設けられていることを。

観戦チケットを買えない子は、そこから憧れの選手を遠くに見る。そして心に誓うそうだ。〈働き出したら自分のお金で外野のチケットを買って観戦しよう。給料が上がったら内野席に座ろう〉

アメリカンドリームを叶え、企業の社長やオーナーになれた人は、バックネット裏のシーズンシートやガラス張りの個室部屋を年間契約する。そして野球観戦しながら、契約書に商談成立のサインをする。

アメリカのボールパークには、選手を夢見る子供だけでなく、全てのお客さんに夢を持たせる素敵な仕掛けが施されているのだ。

この話を初めて聞いた時、思わず「ウーン」と唸ってしまった。日本にも、野球選手を夢見るだけでなく、実業家として夢を見られる環境が欲しいなあ、と。

ちなみに、日本の球場の一番良い席は誰が座っているかご存じだろうか？　野球好きなら、かなりの人が知っているはず。

そう、答えは各チームのスコアラーと球団関係者だ。

日本の球場でも、その最高の席をファンのために開放してあげたい。

そんな思いから、自分の夢の一つとしてスタジアムデザイナーになり、日本中の球場をリフォーム、リノベーションしてみたいと考えている。

「50/50」って何？

前章で、パドレスのホームゲームはGMルームから観戦していた、と書いた。しかし、そんな特別な空間だけで仕事の学びを得ることはできない。

ゲーム前の練習時間はグラウンドに降りて、選手やスタッフの動きをチェックしながら、スタンドのファンの様子や外注スタッフの慌ただしい仕事ぶりなど、スタジアムの裏側を見て学んでいた。

そんな日々を送っていた4月、シーズンが開幕して間もないある日のこと。スタジアムが開門して程なく、何の役割かわからないスタッフを見かけた。気になって後を追うように様子をうかがっていた。

そのスタッフはウエストバッグを身につけ、シャツの上から「50/50」という数字がプリントされたゼッケンのようなものを羽織っている。ファンの1人が彼を呼んで、何やらチケットのようなものを数枚買った。次の試合のチケットを手売りしているのか？　そんなはずはない。頭の中がクエスチョンマークでいっぱいだ。

こういう状態が大嫌いな私は、球場内のベースボール・オフィスに急いで戻ることにした。エレベーターでグラウンドレベルまで降りて、クラブハウスとオフィスを隔てる広いコンクリートの通路を大股で歩き、グラウンドとオフィスを仕切る廊下の大きな扉を開け、２階へ上がる。左側は滅多に行かないビジネスサイド、右側がベースボール・オフィス・サイドだ。

右に向かうと、広い廊下の左右に４部屋ずつ、個室のオフィスが並ぶ。右は役職が上のスタッフが１人１部屋あてがわれ、左は若手のスタッフが２人で１部屋を共有している。ちなみに廊下の突き当たり右奥がＧＭのオフィス。私はＧＭのオフィスの左隣の大部屋がいつも空いているので、そこを使っていた。

若手スタッフがいるオフィスのドアはいつも開け放たれているので、私はいつでも邪魔をしに入れる。部屋に入り「ねぇねぇ、あれは何？」と将来のＧＭ候補の若手スタッフに尋ねるが、なかなか伝わらない。「50/50」と言うと、ようやく困惑していた表情が晴れた。

「50/50」は、とてもアメリカらしい発想のシステムだった。「50/50」とはドネーション＝寄付と現金が当たる宝くじのチケットだったのだ。50パーセントは宝くじ、50パーセントは寄付金になる。母の日だったら乳がん患者を支援している非営利団体などへ寄付したり、時にはホームレスへの寄付だったり、ある市や地域に対する寄付だったり、日によって、様々に選択されるそうだ。

宝くじのほうは、チケットに記された数字が抽籤《ちゅうせん》の対象になり、試合の7回頃に当籤番号が球場のビジョンで発表される。1人だけが当たるシステムになっている。

「50/50」のチケットの1日の売れ行きは、少なくとも日本円で数百万円、多い日は1000万円近くまで上がる。好きな野球を観ながら寄付で地域貢献ができ、おまけに現金が当たるチャンスまである。

運営方法にも興味がわき、どれほど経費がかかるのかなど踏み込んで聞いたが、スタッフは知らなかった。いずれにせよシンプルで画期的な、メジャーリーグならではの楽しいシステムだと感心した。このウィンウィンなシステムを、日本でも導入してみてはいかがだろうか。

アイディア勝負のマイナーリーグ・ビジネス

マイナーリーグのシステムを調べると、こちらも興味深い事例が盛りだくさんだった。

そもそもの話だが、マイナーリーグにもオーナーとＧＭが存在する。

経済的成功をおさめた人はプロスポーツのオーナーになる、という夢やステータスが、アメリカにはある。その夢を叶えるべく、規模や予算額はチームによって様々だが、成功者がオーナーとして、チーム運営をすることができる仕組みがアメリカにはある。もちろん、予算規模はメジャー球団とは比べものにならない。

多くの場合、オーナーが予算額を決めて、その範囲内でＧＭが運営を行う。マイナーのオーナーとＧＭは、メジャー球団から選手を借りる形で試合を運営するという。そのため、あの選手を３Ａでプレーさせてくれとか、２Ａ《ダブルエー》でプレーさせてくれ、といった選手オーダーはいっさいできない。

私が話を聞きに行ったマイナーチームは、パドレス傘下の１Ａ《シングルエー》、レイクエルシノア・ストーム。日本でいうと5軍にあたるカテゴリーのチームだ。

２０１６年5月、私が初めてレイクエルシノアの試合を観た感想は、野球のレベルは決して高いとはいえないが、磨けば光る原石が数人はいるな、というものだった。レイクエルシノアの球団スタッフには、正式に契約された人は数人しかいない。後はアルバイトを雇って運営していた。そんな理由もあってか、私が行った日は、ＧＭ自らネットの修理をしてグラウンド整備も行っていた。

イベントも盛りだくさんで、集客のためのアイディアもマイナーリーグは独特で面白い。ある日はワンコインデーと銘打ち、アメリカらしい巨大な紙コップいっぱいのビールが１杯約30円（25セント）ほどで売られていた。また、球場内で応援の声を出してはいけないサイレントデーというイベントもあった。売り上げを伸ばすためのアイディアが盛りだくさんで、日々の試合を盛り上げている。

盛り上げると言えば、イニング間の短い時間も、グラウンド内のファウルゾーンを使って、様々なイベントでお客さんを楽しませている。メジャーなら選手からクレームが出そうだ。

そもそもアメリカの野球ファンは、野球場に試合を観に来るだけでなく、家族との時間や食事を楽しむなどの目的で来る人も多くいる。

様々なアイディアでお客さんを楽しませなければ、球団経営はマイナスになり苦しい運営を強いられる。そのことを、マイナーのスタッフは誰よりも理解した上で頑張っていた。

このマイナーのビジネス・スタイルを学んでから、私には夢が一つ増えた。日本で温泉リーグを発足させたいと構想するようになったのだ。私のイメージでは、近くにある温泉同士——例えば湯河原、熱海、伊東でリーグを作り、その優勝チームが同リーグの他のチームから選手をドラフトして、他の温泉リーグ優勝チームと対戦し、最終的に温泉日本一を決めるというものだ。

アメリカのマイナーリーグで一番の支出は、移動・宿泊費だという。そのため、マイナーチームは4試合ごとに移動することで、メジャーチームより経費を削っている。

温泉リーグの場合、夏のお客さんが少ない時期の週末に試合を行う。そうすれば、夏でも温泉街に人が集まり、移動距離も短く、泊まる場所は山ほどある。町の寂れた球場も、地元の人が集まれば活気が戻る。

選手は地元の方を中心に、誰でも参加できるようにする。可能な限り年齢制限を排し、性別による区分けもなし。野球の可能性を広げながら地域の活性化を目指す温泉リーグ。こんな楽しいリーグ作りを、かれこれ10年近く私は妄想している。

1強を良しとしないMLB

野球の比較対象として、日本ではサッカーがよく挙げられる。だが、サッカーリーグは、入れ替え戦のあるヨーロッパ型を採用している国が多い。日本サッカーもその例に漏れず、ヨーロッパ型である。一方、入れ替えがないリーグを採用しているサッカー組織は、やはりアメリカのサッカーリーグだ。

ヨーロッパ型のサッカークラブは、負債を抱えながらでも1強を目指す。さもなければ、どんな名門クラブであっても、容赦なく下部組織へ落ちていくからである。

反対にアメリカ型は、1強を良しとしない。野球も同じだ。それゆえ、MLBほどリーグバランスを重んじる組織はないと思われる。

例えば、チーム総年俸が一定額を超えた時に罰金として支払われるラグジュアリー・タックス（ぜいたく税）は、下位球団から順に分配される。ドラフトは、前述のように完全ウェーバー制で、1強の出現はリーグの崩壊と言われるほどバランスを重視する。このウェーバー制のドラフトは、まさにMLBの象徴と言えるだろう。

この制度のおかげで、毎年強いチームが入れ替わり、プレーオフ進出チームも変わると考えられる。最近の例では、ヒューストン・アストロズがわかりやすい。

私のメジャーでのルーキーイヤーだった２００６年頃は、アストロズは弱いチームだった。アストロズに負けることは考えられないくらいに思っていた。アストロズは、２０１２年まではナ・リーグ中地区所属。当時はナ・リーグ16チーム、ア・リーグ14チームに分けられていたが、２０１３年からアストロズがア・リーグに移籍することが決まった。両リーグが15チームで均等にはなったが、長い低迷期を迎えるのではと、他人事ながら心配するほどだった。

ところが、２０１１年にオーナーが代わるとドラフトで優秀な選手を獲得し、同時に育成部門も強化したのか、ア・リーグ移籍から４年後の２０１７年にワールドチャンピオンに輝いた。これは、私がリアルに感じたＭＬＢのバランス重視の最たる出来事である。

サイン盗みの一件は残念としか言いようがないが、あんなことをしなくても強いチームに変わっていたのは、紛れもない事実だろう。

ア・リーグ東地区のスモールマネー球団

「ア・リーグ東地区」という文字は、メジャーリーグ・ファンなら何度も目にしていることだろう。自動的に「ヤンキース」「レッドソックス」というチーム名を思い浮かべる方も多いに違いない。この2チームは、毎年リーグ100勝前後の勝ち数を重ねる。90勝ではプレーオフ進出も危ういこともあるレベルの高い地区で、常勝チームとして君臨する金満ライバルチーム同士だ。

このア・リーグ東地区で、ヤンキースとレッドソックスに比べてスモールマネー球団にもかかわらず、毎年この2チームに食らいつくような強いチームを作り上げてくるチームがある。それはタンパベイ・レイズだ。

タンパベイ・レイズのチーム作りは、メジャー球界のトレンドを変えることもある。この点、マイケル・ルイスの著作『マネー・ボール』で有名なオークランド・アスレチックスに似ているように見えるが、レベルの高いア・リーグ東地区で結果を出し続けているところが、似て非なりだ（アスレチックスはア・リーグ西地区所属）。

守備シフト（相手バッターの打球方向をデータで抽出し、打球方向の偏りが強い打者の場合、ほとんどの選手にグラウンドの半分側を守らせる作戦のこと。しかし、2023年から守備シフトに関して新ルールが決められた）やオープナー（通常、先発投手は勝ち負けが付く5イニング以上の長いイニングを投げるのがセオリーだが、短いイニングを投げるリリーフ投手が先発し、ゲームの初回、あるいは2回程度のみを投げる作戦）、最近ではフライボール革命（バッターが打ち返す打球角度を数値化し、よりホームランになる可能性の高い角度の打球を打つことができる打者を9人並べる作戦。ただ、ホームラン以外はほとんど平凡なフライアウトが増え、野球がつまらなくなったという声も多くある）で用いられるバレルゾーン（最も長打が出やすいとされる、打球角度と打球速度の範囲のこと）なども、レイズがいち早くチーム作りに活用し結果を出している。

しかし2023年、名門ヤンキースが、バレルゾーンを考慮した打線を組んだようだが、結果的に最悪なシーズンになってしまった（82勝80敗に終わり、7年ぶりにプレーオフ進出を逃した）。アナリストが気付いた戦法が世に知られる頃には、すでに対策されはじめるのだろう。

こうした戦法は、スモールマネー球団が金満球団を打ち負かすための、言わば〝隙間産業的戦法〟だ。歴史ある金満球団がそれを真似ても、勝てるわけではないと実証されたように思った。ヤンキースやレッドソックスのような常勝チームは、常勝チームなりの方程式をオリジナルで作り上げる必要があるのだろう。メジャーリーグのGMは、4、5年契約の間に結果を求められるため、データに頼り過ぎて、常勝チームでありながら間違った時間を過ごすことがあるのかもしれない。

メジャーリーグで常勝チームを作り上げることは、バランスを重んじるアメリカ型リーグ組織の中ではとても難しいことのように思う。

「断ること」が仕事──ボストン・レッドソックスのチケット・オフィス

2009年、私がロサンゼルスを離れて行った先は、前述のレッドソックスだった。アメリカ最古の球場、フェンウェイ・パークを本拠地に持つ、歴史ある球団だ。

レッドソックスとの契約に際して「タカシの英語力は、日常のチームメイトとの会話では問題ないと聞いている。うちには（松坂）大輔と岡島（秀樹）の通訳2人がいるので、3人目の通訳はつけない。状況に応じてどちらかの通訳を使ってほしい」と言われた。問題含みの発言だと思うが、笑い話ではなく事実だから驚く。

そんなこんなで岡島の通訳、ジェフ山口さんと、大輔の通訳、星野真章《まさふみ》君にはとてもお世話になった。今も感謝している。他にもトレーナーの高橋眞彩《まさい》君には、この年39歳だったこともあり、レッドソックスの日本人では一番お世話になった。そして、レッドソックス全選手のお腹を満たしてくれたイサオさん。シーズンオフはレッドソックス・オーナーの専属シェフでもある。

さらに、レッドソックスのチケット・オフィスで働いていた吉村幹生《みきお》君。幹生のチケット・オフィスでの仕事は、なんと「断ること」だった。

彼の話によると、年間シートはもちろん、全てのホームゲームのチケットが発売から数日で、開幕前に売り切れてしまう。しかし、チケットを求めるファンは後を絶たない。

例えば、ファンから電話で、「7月の息子の誕生日に合わせて、チケットを３枚買いたいんだけど」と言われても、「申し訳ありませんがチケットは完売しています」と言わざるを得ない。

それが彼の仕事なのだが、そこからのやりとりが大変だと言う。

「ではその前日を３枚」

「完売しております」

「ではその後でもいいのだが？」

「チケットは全て完売しています」

「いつでもいいから試合を観せてくれ。お金はある」

「大変申し訳ございません。チケットは完売しております」

最後は逆ギレされて怒鳴《どな》られ、電話を切られるんですと、幹生が泣きそうな顔で話してくれた。


全米最古の球場、フェンウェイ・パークを本拠地に持つ歴史あるレッドソックスは、チケットの価値を下げないことに重きを置いているように思う。

レッドソックスの本拠地ボストンは、決して大きな町ではない。中心地にはハーバードやＭＩＴなど有名な大学が何校もある。そんな町に時々来るファンを取り込むより、レッドソックスという特別なチームを応援する特別な地元の筋金入りのファンに、シーズンを通してチケットを購入してもらい、心から楽しんでもらうことを第一に考えているようだ。

新興球団がイニング間に行うようなイベントもやらない。あるのはグリーンモンスターと呼ばれる名物の巨大なレフトフェンス。打席からの距離が他の球場に比べて短いため、フェンスを高くしてあるのだが、これがフェンウェイ・パークの名物になっている。

テレビには映らないグリーンモンスターの壁の内側は、フェンウェイ・パークでプレーした選手のサインで覆《おお》われている、私も隙間を見つけて、名プレーヤーの間にサインを書かせてもらった。

全米最古の左右非対称のスタジアムは、ただ純粋に野球を楽しむためだけのボストンの象徴と言えるのだ。

レッドソックス・ファンの男性を好きになった女性は、レッドソックスと結婚することになる覚悟を持たなければならないと言われる。こんなレッドソックス・ファンの逸話は、数え切れないほどボストンの町中にあふれている。

ピッチクロックの導入

近年、ＭＬＢでは新ルールがいくつか導入され、そのうちの一つに「ピッチクロック」がある。投手は、走者がいない場合は15秒以内、走者がいる場合は18秒以内に投球動作に入らなければならないというルールだ。これに違反した場合、打者に1ボールが与えられる。

そもそもアメリカでも、日本と同じように野球人口の減少は問題になっている。絶対数が多い分、アメリカのほうは大きな問題に見えないが、野球界は日米ともに同じ悩みを抱えている。

私がプレーヤーとして在籍した2006年時点で、MLBのアメリカ人メジャーリーガーの割合は50パーセント程度になっていた。また、当時から野球というスポーツ・エンターテインメントの最大の弱点が時間にあると言われていた。試合時間が平均で3時間を超え、アメリカ4大スポーツ（アメフト、バスケ、アイスホッケー、野球）の中で唯一、決められた時間で終わらないスポーツなのだ。

時代の変化なのか、3時間を超えるエンターテインメント・スポーツは良しとされなくなった。エンタメが少なかった時代と今とでは、求められる内容が変わったのだろう。野球の面白さである様々な場面での駆け引きなどは不要と言われているようで、寂しい気もする。

日本で野球は第3次産業でエンターテインメントに分類される。このことからも、ファンの求める方向へ進みつつ、新しいファンを増やしていく努力を続けなければならないことは明白だ。

日本でもアメリカでも、ファン、選手、球団の三方良しが理想だが、スピードアップはとても難しい課題だ。

野球の起源は点取りゲームであり、遥《はる》か昔には投手は上から投げてはいけない時代があった。近代野球になるまでは、より打者優位のルールでプレーされていた。近代野球では、最新機器を導入して各球団が戦力アップを図っているが、皮肉なことに、試合の中で一番盛り上がる得点シーンが増えれば増えるほど、試合時間は長くなるのだ。この大きな矛盾に真っ向から向き合っているのが、今のＭＬＢなのだろう。

第5章　日本野球の未来を考える

睡眠時無呼吸症候群

結局、ＭＬＢには７年在籍して５球団でプレーした。内訳は、ドジャースで３年、レッドソックス、ブレーブス、ブルワーズ、ダイヤモンドバックスで各１年のトータル７年である。そして、プレー経験のないパドレスで４年間、フロントの仕事をさせてもらった。

そんな私だが、引退後に明確にやりたいことがあったわけではない。

ただ現役の晩年は、毎朝自分の身体と対話することが辛かった。何とか肩の高さまで肘が上がってくれ、何とか肉離れせずベースカバーに行ける脚力をお願いします——と自分の身体と野球の神様にお願いしながら、ベッドからシャワールームまで這っていく。そんな朝から抜け出したいと思う自分と、マウンドに立てなくなる自分を天秤にかけ続ける日々が本当に辛かった。

野球ができなくなる不安や怖さが常に勝っていたのも事実だ。それでも時々、このような朝から抜け出せたらどれほど楽だろうと考えることもあった。

その理由の一つは、睡眠時無呼吸症候群である。妻から「イビキがすごいし時々呼吸が止まってる」と言われ、プライベートの親友でもある、自治医科大学呼吸器内科の坂東政司《まさし》教授に相談した。帰国後、検査入院したら、睡眠時無呼吸症候群を患っていたことが判明したのである。

検査の結果、1時間に37回、10秒以上呼吸が止まっていた。最長で2分半も止まっていたのである。坂東教授から「首を絞められたのと同じような状態です」と言われ、愕然《がくぜん》とするより前に、怪我の治りが遅くなっていると感じていた原因はこれだったのか……と納得がいった。

坂東教授からは「よくこれで投げてたね」と驚かれた。「今後、息が止まらないようにシーパップという機械をつけて寝てもらうのですが、必ずしもパフォーマンスが上がるわけではありません」とも言われた。またガンガン速い球を投げられるようになるかも、という淡い期待もあったが、すぐに消え失せた。「道理で朝が苦しいはずだ」――冷静にそう思った。

朝の柔らかい光の中、心地好い眠りから目覚め、「ア～ア」とゆっくり伸びをする。ジャック・ジョンソンの音楽を聞きながら、炊き立てのご飯に味噌汁、魚の西京焼き、だし巻き玉子、漬物の朝食をとる――そんな朝を迎えたいと夢見ていたが、どうやら難しそうだ。

話を戻すと、引退後、前ほど監督やコーチになりたいとは思わなくなっていた。むしろ監督やコーチを選ぶ側になりたい――そう考えるようになっていた。メジャーの7年間で、野球に対する様々な価値観が大きく変わった。日本にいる時に知っていた野球と、アメリカで体験した野球の違いを感じたからだと思う。私一人に何ができるわけでもないのだが、日本球界の現状に違和感や危機感を覚えるようになっていた。

日本が、アジアがＭＬＢに対抗するために必要なこと

昭和、平成、令和と時代が進み、私の中で日本野球の理想と未来予想が大きく膨らんできた。それはとても大きな話で、日本野球を中心にアジアの球界が一つにまとまることだ。

具体的には、日本、韓国、台湾が手をつなぎ、3カ国のレギュラーシーズンにも反映される試合を行う。その上で東南アジアに裾野を広げ、「アジア・オーシャン・パシフィック・リーグ」を目指すというもの。

これが成功しても、日本球界が絶対大丈夫なわけではないだろうし、そもそもできるかどうかもわからない。加えて何をもって成功とするのかとても難しい。

日本、韓国、台湾に加え、東南アジアの国々も射程に入れる理由は、それらの国々は経済

的に勢いが出てきたように感じるからだ。日本の回らない高級鮨店のカウンターや免税店に、中国や韓国以外のアジア圏の人たちが、ここ数年増えたように感じる。もちろん、それ以外のアジアの国々も取り込みながら、野球人口を増やしていくことが最重要課題だ。

その昔、ＭＬＢは中国に球場をプレゼントする形で野球を根付かせようとしたが、成果は上がらなかった。そしてＭＬＢは今、インドに狙いを変えて野球を広げようとしている。何年も前だが、野球のルールを知らないインド人投手が、１５０キロを超える球を投げる映像を見せられたことがある。ＭＬＢはベースボールを守るために、アジアマーケットの人口の多い国に狙いを定めている。インドでは、クリケットやサッカーが人気だが、インドの人たちが野球に興味を持ち始めたら……インドの人口の１割（約１億４０００万人）だけで、日本の人口を超える計算になる。

私が知らないだけで、日本球界にもすでにそういう構想があるのかもしれないが、アジア圏の野球の統一を早く行わないと日本野球は孤立する恐れがある。それこそ、よく言われる「ＭＬＢの植民地」と化すかもしれない。

メジャーリーガーの移動は、東海岸のニューヨークと西海岸のロサンゼルスの間の約６時間のフライト（3時間の時差）が一番長く遠い。東京とロサンゼルスの間は約10時間のフライト（16～17時間の時差。サマータイムがあるため時季によって変わる）だが、この時間が短縮されると、日本野球に危機が迫る。

米宇宙開発ベンチャー、スペースXは28日、開発中の最大240人を収容できる超大型ロケットを応用し、2022年以降に長距離旅客輸送に進出すると発表した。最高時速2万7千キロメートルで一時的に宇宙空間を通過し、地球上の主要都市を30分程度で結ぶ。海外旅行と数分間の宇宙旅行が同時に可能になる。（中略）

飛行機だと15時間程度かかるニューヨーク―上海間（約1万2千キロメートル）を39分で結ぶ計画。ロサンゼルス―ニューヨークは25分、東京とアジアの主要都市を30分前後で移動できるという。（「日本経済新聞ウェブ版」2017年9月29日）

現在のように、移動時間が足枷《あしかせ》になっているうちは大丈夫かもしれないが、スペースXのロケットが実現すれば、日本球界は完全にMLBに取り込まれるだろう。日本人選手の流出どころの騒ぎではない（野球に限らず、サッカーなど日本国内の他のスポーツも大ダメージを受けるだろうが）。プレーする選手にとっては、かなり早い段階からＭＬＢに挑戦しやすくなるというメリットはあるが、日本球界が空洞化するのは否めない（グローバル化の時代である。もちろん、それで構わないという意見もあるだろう）。

もし韓国、台湾のリーグごとＭＬＢが飲み込んで、「さぁ日本はどうする？」と迫られたら？　そんな日が近づいているのではないかと、一人思い悩んでいる。

「大袈裟《おおげさ》な話だ」で済むことを願うが、相手はＭＬＢだ。プロセスは違っても、同じ結果になる可能性はゼロではない。まだ今なら、先述のアジア・オーシャン・パシフィック・リーグを築き上げることで、ＭＬＢと対等に近い形で渡り合えるのではないかと考えている。

韓国や台湾の野球界は現状をどう考えているのか？　例えばタイやフィリピンなどにマイナー組織にあたるチームを作り、ＯＢのセカンドキャリアにもつなげ、アマチュア野球にも様々な形で一役買っていただくなどして、アジアに裾野を拡げることを進めるべき時が来ているのではないだろうか？

日本は少子化に直面しているが、韓国、台湾の少子化は日本以上に深刻だ。３カ国とも人口減少が進んでいる。すなわち何もしなければ、野球人口はどんどん減少していくということだ（少子化の速度以上に野球人口が減っているという話もある）。さらに経済の問題もある。日本経済の先行き次第では、プロ野球が今のような形で存続できるかどうかもわからない。

正力松太郎さんのためでもいい、未来の子供たちのためにでもいい、野球を愛する全ての人は、個々のメンツや正義を振りかざすのではなく、未来の日本野球のために、目を覚まして立ち上がり、手をつなぐべきではないか。今ならまだ間に合う。

全てをメジャーリーグに倣うのではなく、日本球界が牽引《けんいん》役としてアジアオリジナルを推進してほしいし、すべきではなかろうかと考えている。

こんな話をファンの皆さんと話せる、野球フォーラムのようなものが今まであっただろうか？（私が知らないだけで、すでに存在していたら申し訳ありません）これまでの日本球界はどこか閉鎖的だったのではないか？　今後の日本球界が柔軟性に富み、発展的なものになることを心から願っている（自分にできることは何でもやるつもりだ）。

NPBの球団は大谷翔平と契約できたか?

NPBにおいてよく聞く言葉、それは「親会社」だ。メジャーで7年間を過ごし帰って来てから、「親会社」という言葉に違和感を覚えていた。

NPBでは元来、企業が興行、あるいは宣伝のためにチームを持ち、チーム名にはその親会社の名前を冠する。この仕組みは、今後変わっていく可能性はあるのだろうか?

メジャーでは、数人のオーナーでチームを持つことが多くなってきた。例えばドジャースのオーナーは6人いると言われている。その中にはかつてのNBAのスーパースター、マジック・ジョンソン氏もいる。彼の名前を前面に出すことにより、何の集団かわからない金持ちの集まりから、顔の見えるオーナー集団に変わる効果はとても大きい。日本との違いとして、彼らは自分の会社の名前を出すのではなく、成功した証、ステータスとしてチームを持っているようだ。

一方、どの球団のオーナーも、善意ではなく金儲けのためにチームを持っている。チームを強くして価値を上げれば、球団評価額も上がる。そうなったら、タイミングを見て売るか、そのまま持ち続けるかの判断をする、という具合だ。

余談だが、大谷翔平選手の破格の契約内容は、メジャーリーグ球団のオーナーあるいは日本球団のオーナーになる可能性を感じさせる。彼が望むなら、その両方も可能かもしれない。


日本球界に話を戻すと、仮に経済が順調だとしても、今後、日本国内向けの宣伝のためだけに、球団を持ちたがる新たな会社が出てくるだろうか？　そういう会社が永遠に出続けることを願う一方で、不安にもなる。

世界に誇れる日本企業がたくさんあるのも事実だが、そうしたグローバル企業が日本国内の宣伝のためだけに、プロ球団を持つ利点はなさそうだ。

ましてや現在、親会社の利益を子会社（球団）の損益と相殺するような企業は、先が危ういと思われても仕方がない。そもそも会社の利益は株主に還元されるものだろう。仮に成長を続ける球団があったとしても、国内だけをターゲットにしていたら、どこかで頭打ちになるはずだ。

人口が減る一方の日本国内で、新聞業界はウェブやＳＮＳに取って代わられ、鉄道事業は利用者数を維持することさえ難しいと思われる。こういう状況下で、もし２０２３年オフに大谷翔平選手が日本球界への復帰も視野に入れている、と言ったら、約1000億円を準備して獲得に参戦できた日本球団はあっただろうか？

そもそも比べてはいけないのか？　それとも日本球団も独自の進化を遂げ第二の大谷翔平を獲得する日が来るのか？　絶対的に後者であってほしいと願わずにはいられない。

日本の球団は「第三次産業」に分類されるエンターテインメントの一つという自覚を持たなければならない。言うなれば遊園地や動物園と同じ産業区分だ。国民が衣食住を確保した上で、経済的な余裕ができて初めて選択肢の一つになりうる産業だ。まさに日本経済あっての日本球界である。このことを強烈に意識させられるようになったのは、私が野球を通してアメリカから日本を見てしまったからなのだろう。

先にも述べたように、NPBや独立リーグのプロ球団だけでなく、アマチュア球界の関係者やファンにも集まってもらい、日本ベースボールフェスを開催できないだろうか？　日本野球の現状を把握し、5年先、10年先の日本球界が進むべき道を話し合うのだ。

そこには野球に関連するヒト、モノ、コト、テクノロジーも結集させて、MLBのウインター・ミーティングのように野球関連の就職案内があってもいいし、野球好き男女の婚活イベントを行ってもいい。こんなフェスが開催できたら、野球を通じて幸せになる人が大いに増える気がする。

話が飛ぶが、甲子園出場チームの名前が入ったグッズの売り上げの一部を、グラウンドで起きた事故が原因で野球ができなくなった子、1人で生活ができなくなった子のために使うことはできないだろうか？

以前、後援会を通じて仙台にある子供病院に寄付金を届けに行った時、「ついこの間まで野球をしてたんですが……」と、子供を見ながら車椅子を押すご婦人に出会った。その子がなぜそうなったかまでは聞けなかったが、そんな家族を少しでも助けてあげる野球界にしていきたい。野球にはまだまだできることがたくさんある。

肘が壊死する病――離断性骨軟骨炎（野球肘）

少し話はずれるが、ここで「離断性骨軟骨炎《りだんせいこつなんこつえん》」について触れたい。

最悪のケースでは肘が壊死《えし》し、切断を言い渡されることもある恐ろしい病気だ。

骨が成長途上にある子供が見舞われる病なのだが、恐ろしいのはそのほとんどで症状が現れないか、現れにくいということだ。投球動作のたびに肘関節の骨同士がぶつかり、えぐれていく。自覚症状はないか、あっても無理すれば投げられてしまう。症状の酷《ひど》さと実際の痛みに乖離《かいり》があるのだ。そして痛みで投げられなくなった時にはすでに重症で、先に述べた最悪の事態になることもある。

手術をしても肘の骨の変形が進行して、最終的に肘が伸びない／曲がらないようになり（正常な肘だと可動域が0～150度ほどあるが、変形が進むと40～90度ほどに狭まる）、痛みもあるため、野球ができなくなる人もいる。幸い、切断にまで至った例はゼロと聞き、胸を撫で下ろす思いだ。

これを防ぐにはどうすればいいか？　お子さんが肘や肩の痛みを訴えていなくても、年に一度エコー検診をしてほしい。それだけで最悪の事態を防ぐことができる。

2024年、沖縄でスポーツ整形外科医3人からこの病の話を聞かされた。彼らは「可能な範囲で活動をしているが、なかなかこの病に対する理解が広まらない」と悩んでいる様子だったので、ここに書かせていただいた。

ドクターたちが言うには、野球をしている小学生や中学生100人のうち3人には確実に見つかるそうだ。つまり3パーセント。万が一その3パーセントになっても、早期に発見できれば、普通の生活はもちろんのこと、ドクターの指導の下、野球も続けていけるそうだ。ただ、3パーセントの子たちを救ってあげられるのは、ドクターではなく、まず監督やコーチ、保護者だ。定期的なエコー検診をぜひ実施してほしい。

幸い私は、幼い頃に肩や肘に痛みを感じたことはほとんどない。記憶にあるのは、軟式球の「少年野球」から硬式球の「リトルリーグ」に変わった時に痛みを感じたことだ。幸いなことに離断性骨軟骨炎ではなかった。

繰り返しになるが、どうか、野球が大好きな3パーセントの子を守ってあげてほしい。少年野球の監督、コーチ、保護者の皆さん、未来ある子供を守っていきましょう。

日本野球の歴史とフェンウェイ・パーク

ペトコ・パークのベースボール・オフィス内で、日本の野球の歴史を調べていたことがある。

1872年（明治5年）頃、現在の東京大学に当たる開成学校のアメリカ人教師ホーレス・ウィルソンが、ベースボールを日本に伝えた。1894年（明治27年）、中馬庚《ちゅうまんかなえ》がベースボールに「野球」という訳語を当てる。1903年（明治36年）に第1回の早慶戦が開催（三田綱町《みたつなまち》運動場）され、それから12年後の1915年（大正4年）に、第1回全国中等学校優勝野球大会、現在の夏の甲子園大会が開催（豊中《とよなか》グラウンド）された。日本野球は学生野球から始まったと言える。

ちなみにその3年前、1912年にボストン・レッドソックスのホーム球場フェンウェイ・パークが完成した。

2009年、岡島秀樹、松坂大輔、田澤純一の3選手とともに、私はフェンウェイ・パークをホームに戦った。当時のクラブハウス内はきれいになってはいたが、古さを隠しきれない箇所があちらこちらにあった。トレーニング機器などは、当時のメジャーの一流選手が使うには十分なものだったが。

ただ、他の球場に比べて全体のスペースが小さいので、先発予定のない投手がギターを弾いていると、リリーバーや野手から「下手くそやめろ！」とか「うるせー！」といった声が飛んだ。私はと言えば、そのギターに合わせて歌っていた口だが、クレームを受けたことはない。野球の歴史上最も古いホーム球場のクラブハウスで歌っていたことになる。

日本の学生野球に話を戻そう。

朝日新聞といえば、今も夏の甲子園大会を全面的に支えているありがたい新聞社だが、「何で!?」と思わず声が出るような事実を発見した。なんと1911年（明治44年）に、朝日新聞は野球害毒論なるキャンペーン記事を掲載していたというのである。

旧5000円札に肖像が載っていた新渡戸稲造《にとべいなぞう》は「野球は賤技《せんぎ》なり剛勇の気なし　日本選手は運動の作法に暗し　本場の米国既に弊害嘆ず　父兄の野球を厭《いと》える実例」とまで言っている。

「巨人、大鵬、卵焼き」をかすっている幼少時代を過ごした私からすると、野球を敵視する意見が新聞に載ったという事実に驚いた。幼少期に甲子園を夢見た私にとっては信じたくない話でもある。

親会社の変遷

私が生まれた1970年（昭和45年）の日本プロ野球は、読売新聞社と鉄道会社に支えられていた。昭和の日本球界は高度経済成長と密接に絡み、成長企業が球団を保有していた。

一方、急に売り上げを伸ばした企業が短期間、球団を保有することもあった。松竹、日拓ホームなど。また、高橋ユニオンズ、大塚アスレチックス、太平洋クラブ、クラウンライターなど、ほかにも短命に終わった球団は少なくなく、選手は振り回された。

これには、プロ野球球団を親会社の宣伝に使おうという思惑もあったのだろう。球団の赤字額と親会社の損益を相殺できるためで、これは1954年（昭和29年）の国税庁の通達「職業野球団に対して支出した広告宣伝費等の取扱について」に基づいている。通達の項目の一つ目には、以下のように記されている。

一　親会社が、各事業年度において球団に対して支出した金銭のうち、広告宣伝費の性質を有すると認められる部分の金額は、これを支出した事業年度の損金に算入するものとすること。

昭和時代に球団を持っていた鉄道会社は8社（国鉄を入れているが、正確には鉄道会社ではない）。阪神、阪急（現オリックス）、南海（現ソフトバンク）、東急（現日本ハム）、近鉄（現オリックス）、西鉄（現西武　※西武も親会社は鉄道会社）、国鉄（現ヤクルト）。現在、親会社が鉄道会社なのは、2023年に日本一に輝いた阪神と西武のみで、阪神は阪急傘下にある。

かつて鉄道は国民の主たる移動手段だったが、車社会の到来などによって成長が鈍化、次々に球団を手放すことになる。

国鉄は1965年に産経新聞社が親会社に（1970年からヤクルト）、東急は細かな変遷を経て（東映→日拓ホーム）1974年に日本ハムが親会社に、西鉄は福岡野球を経て（球団名は太平洋クラブ→クラウンライター）1978年に西武が親会社に、阪急は1988年にオリエント・リース（現オリックス）が親会社に、南海も同じく1988年にダイエーが親会社に（2005年からソフトバンク）、近鉄は2004年の球界再編時にオリックスが親会社に（選手はオリックスと楽天に分配）になった。

2004年の球界再編時に楽天に移籍した元近鉄選手の中には、現在の楽天スタッフも少なくない。2013年に日本一に輝いた時のブルペンキャッチーの長さん（長坂健治）、へいた（松比良《まつひら》平太《へいた》、現1軍マネージャー）の2人をはじめ、他にも11名の元近鉄選手が、楽天を陰で支えてくれている。

親会社として面白いのはヤクルトだ。ヤクルトとその他の飲み物の違いをご存じだろうか？

清涼飲料水と呼ばれる飲み物は常温で保存運搬できるが、ヤクルトは冷蔵でなければいけない。前述のように、ヤクルトは1970年から球団を保有するが（国鉄スワローズ↓サンケイスワローズ↓サンケイアトムズ↓アトムズ↓ヤクルトアトムズ↓ヤクルトスワローズ↓東京ヤクルトスワローズ）、その70年代、祖母が住んでいた山形の茅葺《かやぶ》き屋根の家はインフラの整備が行き届かず、まだ水道がなく、川の水を引いて生活していた。ヤクルトはそんな時代から日本の高度経済成長に乗って国民の健康に寄り添っていた。あの小さな飲み物はご褒美ではなく、毎日飲むことが大切だ。当時ヤクルトは、裕福な家庭とそうでない家庭を分ける物差し的な飲み物だったような気がする。

そんな国民に愛された飲み物を主力に、昭和、平成、令和を生き抜き、バブル崩壊も新型コロナも乗り越えてきたユニークかつ歴史ある球団なのだ。

ほかにも様々な業種の企業が球団を運営してきたが、今のプロ野球の代表的な運営母体は、私が2013年に星野監督のもとで優勝した楽天、ソフトバンク、そして我らがＤｅＮＡに代表されるような、いわゆるＩＴ系になる。

いずれの球団も、日本国内で自社の宣伝をしながら球団の人気を高めてファンを獲得し、入場料収入やグッズ収入などで稼ぐ努力をしている。言うまでもなく、全チームが優勝を目標にしている。

かつてのように、ジャイアンツとの試合があるだけで億単位の放映権収入が発生するような時代ではない。各球団は勝利のためにしっかり補強し、ファンを喜ばせるような企業努力を惜しまない。それが観客動員増につながっているのだろう。

子供の頃に観たプロ野球について、少し触れておこう。

昭和50年代、ロッテオリオンズ（現千葉ロッテマリーンズ）は、仙台の宮城球場（現楽天モバイルパーク宮城）をホーム球場として使用していた。

小学生だった私は、ファンクラブ「ロッテ・バブルボーイズ」に入会、外野席に無料で入れる会員証を首から下げロッテを応援していた。母からもらった１００円玉をポケットに入れ、友達と15分、必死に自転車をこいで週末のデーゲームを観に行っていた、当時はサード有藤通世《ありとうみちよ》さんとレオン・リーが格好良くて好きだった。

試合中は、プレーそっちのけで、段ボールのソリで外野席の傾斜を滑り降りて遊んでいた。

腹が減ったらカップ麺と青っ鼻を交互にすすっていた。

それにしても、当時テレビで観るジャイアンツと生で観るロッテが同じプロ野球だとは、幼い私には思えなかった。何もかもが違っていて、ジャイアンツはキラキラ輝いていた。

日本ハムの球場移転

日本ハムの札幌ドームからエスコンフィールド北海道への本拠地移転についても、本章で触れておきたい。

すでにさんざん報じられているが、球団が札幌ドーム側に金銭的な条件の見直しを再三要請していたが、それが受け入れられなかったことが、本拠地移転の根底にあった。


撤退前の日ハムとの契約は年間リース代だけで約9億円。球団から買い取って販売するグッズ売り上げなどを含めると総額20億円規模の収入があったとされる。

その利益配分を巡っては、同球団が札幌市にリース料減額などを繰り返し要請していたが、いずれも見送られる状況があった。（「産経新聞ウェブ版」２０２４年7月13日8時更

新）

他球団の場合、球団が球場内の広告看板をスポンサーに販売したり、球団プロデュースの飲食店、物販店を球場内に出店して収入を上げるなど球場を「コンテンツ」として最大限に活用することができたのだが、ファイターズの場合、毎試合球場使用料を支払ったうえに、広告看板や場内の飲食物販の収入もドーム側に握られていた。（「東洋経済オンライン」広尾晃著、2024年3月17日7時更新）

契約とはいえ、球団の営業努力で得た売り上げからこれだけ札幌ドームに支払う必要があったわけだ。球団からすれば何のための営業努力かと、疑問に感じるのは当然だろう。

エスコンフィールドに移転してからは、その努力が大いに報われているようだ。

2023年から北海道日本ハムファイターズの本拠地となった北広島市の「エスコンフィールド北海道」を運営するファイターズスポーツ&エンターテイメントは、売り上げが251億円となり、札幌ドーム時代の前年より91億円の増収となったと発表した。（「東洋

経済オンライン」広尾晃著、２０２４年3月17日7時更新）

加えて、札幌ドームの人工芝は、球場の構造上、かなり薄かった。これについても、球団側は改善を申し入れてきたが、受け入れられなかったようだ。

コンクリートの床に巻き取り式の薄い人工芝を敷いただけのグラウンドは、多くの主力外野手の選手生命を縮めてきた。糸井（今季阪神で引退）、中田（現巨人）、陽（現米独立リーグ）、西川（現楽天）らは毎試合後、関節という関節をアイシングでぐるぐる巻き。それでも慢性的な足腰の故障に悩まされた。（「ｚａｋｚａｋ by 夕刊フジ」２０２２年11月17日11時39分更新）

昨年まで日本ハムが本拠にしていた札幌ドームは、人工芝が硬く、けがのリスクと隣り合わせだった。埼玉西武ライオンズの主砲・山川穂高は一昨年、昨年と、札幌ドームでの試合で走塁中に足を負傷。復帰後も全力疾走を控えるシーンが目立った。（「朝日新聞デジタル」２０２３年3月30日17時35分更新）

有名な話だが、日本ハムには、1軍と2軍の所在地が一番遠いという特徴がある。1軍の北海道北広島に対して、2軍施設は千葉県の鎌ケ谷にある。その年の一番優れた選手をドラフト1位で指名するのが日本ハムのドラフト戦略だが、そうした選手を鎌ケ谷で鍛えるわけだ。

だが、やはりというか、2軍の北海道移転の話が出てきた。

日本ハムが2軍本拠地も北海道へ移転させるプランを検討していることが13日、分かった。97年3月開場の千葉・鎌ケ谷にある「ファイターズ鎌ケ谷スタジアム」は老朽化が進んでいる。雨漏りなどもあり、度重なる改修に追われているハード面と1、2軍の物理的な距離を解消する一手として、1軍本拠地がある北海道・北広島近郊に2軍新球場を建設する構想が浮上したもようだ。(「日刊スポーツ」2024年7月13日14時35分更新)

2軍が北海道に移転したら、移動費や宿泊費などの出費も嵩《かさ》むため、イースタン・リーグの他球団が賛成しないのではないかとも思う。

いずれにせよ、パ・リーグ球団はジャイアンツに依存できなかったため、独自に生き延びていかなければならなかった。様々なアイディアを出し、独自の運営努力を行う必要があった。ここに至るまでには、想像を遥かに超える数々の苦労があったはずだ。

子供の頃に宮城球場で観た、ロッテと日本ハムの試合。丸の中に「Ｎ」のロゴがあるパジャマのようなユニホームは、ダサいけど印象的だった。今のロッテと日本ハムには、当時の名残はほとんどない。とてもかっこよくスマートな球団になった。

ＮＰＢの年金制度

日本プロ野球選手会は、選手のために日々とても頑張ってくれている。ただ一つだけ変えてほしいと思うところもある。それは引退後の生活保障となる年金だ。

意外と知られていないかもしれないが、今、日本のプロ野球選手に年金はない。２０１１年に制度自体がなくなっているのだ。

かつてプロ野球選手は在籍年数によって年7万1千円～12万円を負担（16年目以降はゼロ）。それに、日本野球機構がオールスターの収益などから掛け金を上乗せし、年金が運営されてきた。選手は1、2軍に関係なく10年在籍すれば受給資格が得られ、55歳から最大で年142万円（在籍15年以上）を終身で受け取れた。だが、財源不足や国の税制優遇がなくなることから、12年に解散した。（「朝日新聞」2015年3月18日付朝刊）

私が年金制度がなくなることを知らされたのは、2010年、アトランタ・ブレーブスで川上憲伸投手とともにプレーしていた年のことだ。日本から選手会の方が来られて、こう説明された。

「今までお預かりして運用していた年金保険料が、国の法律変更により、このままお預かりしているとマイナスになってしまうことになりました。今なら、お預かりした金額に、少しプラスしてお戻し可能です」

何はともあれ、直接ご報告いただいたことに選手会の誠意を感じ、感謝を述べた。

年金制度がなくなった現在、引退後の金銭的支援としては、以下の仕組みがあるようだ。

【退団金共済】選手会が行っている積立制度で、選手が希望する額を毎月積み立て、引退時に給付されます。引退直後の生活、税金の支払いに困らないように、多くの選手が取り組んでいるものです。

【年金】選手は、「国民年金基金」など国の年金制度に加入する場合、球団から毎年53・5万円まで補助金が支給されます。その他、引退翌年の退団一時金等の給付もなされます。選手会では更なる補助金の増額も交渉しています。(「プロ野球選手を目指す選手・ご家族の皆さんへ」日本プロ野球選手会　https://jpbpa.net/jpbpa-info)

ちなみに、国民年金の毎月の給付額は6万5000円程度だ。

一方、メジャーリーグの年金制度はその手厚さで知られている。

野球少年に「プロ野球選手を目指して頑張れ」と心から言えないのは、NPBとMLBの年金制度の違いを知ってしまったからだ。日本の選手の実力は、メジャーに追いつけ追い越せで申し分ないレベルだが、選手を支える仕組みは雲泥の差がある。

これをこのままにしていては、日本の選手会はもちろん、NPB球団も痛手をこうむることになるだろう。同じ期間、野球ができると想定するなら、老後の保障額が違いすぎるからだ。プロ野球選手のMLB流出、アマチュア選手がMLBをダイレクトに目指しマイナー契約を結ぶことが、今後ますます増えていくだろう。

金銭的体力＝組織的体力

金銭的体力は組織的体力そのものと言っても過言ではない。金銭的に十分な体力を持つメジャーリーグ選手会は、切り札とも言うべきストライキを断行できる。これはメジャーリーグ選手会のスタッフに直接聞いた話なので間違いないことだ。金銭的体力があれば、ストライキ中の休業補償も可能だ。

メジャーリーグ選手会が世界一の労組と言われるまでになったのは、長期のストライキに耐えうる資金力に加え、その傑出した団結力によってだ。ストライキ中にプレーした選手が罰せられた過去もあるという。

もちろん、ストライキのような交渉方法が無条件でよいとは言えない。だが、日本の場合、選手の補償や権利の話は、選手会が三つ提案し、オーナー側に一つ呑んでもらえれば御の字のような弱い立場のように感じる。この現状を変えるためのアイディアがあれば、本気で教えてほしい。

国内の野球以外のプロスポーツ選手会や、一般の労働組合と手を組む？　台湾や韓国のプロ野球選手会と手を組む？　ストライキを打ちまくって過激な要求をするためではなく、スポーツ選手の将来を明るくするために力をつけるべきだと考える。選手会に財力があれば、球団とのパワーバランスが今より良い方向に進むと思う。だが言うは易し行うは難し。

まずは、プロ野球選手を目指す子供たちに心から「頑張れ！」と言えるような年金制度を作ってほしい。

ところで年金とは別に、選手自らが自分や家族の将来を守るために投資を行う方法もある。現状、選手の投資に対する意識は低く、かつ、選手が投資に割く時間がほとんどないのも事実である。

そこで、信頼のおけるファイナンシャル・プランナーを見つけることを強くお勧めしたい。低金利の銀行に預けるだけではお金は増えないし、何しろプロ野球選手の平均労働年数は7年ほどである。その間、自分の財産が減らないように守り、余裕が生まれたら増やすことを考えるべきだ。

運用する場合、元本割れのないハイリターンな金融商品があるなら誰も苦労しない。そうした商品がないので、信頼のおけるファイナンシャル・プランナーの出番である。上手に運用してくれるはずだ。そういう人に出会えるのは、優秀なトレーナーやコーチと出会うくらい人生において重要なことだ。

第6章　NPBでの戦い——選手、コーチとして

ベイスターズ選手会の副会長

こんな私でも、ベイスターズの選手会の副会長に指名されていた時期がある。主な役割は、選手からの要望をまとめて球団と話し合うこと、シーズンオフのゴルフと宴会を計画して温泉や移動のバスの手配をすることだった。

ゴルフや温泉の手配は、ほとんど引き継ぎ仕事なので、部屋割りさえ上手くできればクレームも少なく大きな問題はない。重要なのは、選手から預かった要望を球団と話し合うことのほうだ。ところが、90年代のベイスターズには、選手の要望が必ずぶつかる壁（キーワード）があった。

それは「消防法」である。

主に横浜スタジアムの施設改善についての要望だが、何を言っても「消防法に引っかかるんだよ」、あるいは「ここは市が管理しているから時間がかかるんだ」と返された。

「じゃあ、どれくらい時間がかかるんですか？」と聞くと、「申請が通っても2、3年かかるんだ」。本当なのかもしれないが、ガキの使いじゃあるまいし……。自分が2、3年後にチームにいるかどうかもわからない。後輩のためと頑張りたいが、言い過ぎると次回の契約更改に悪影響を及ぼしそうだ……なんていろんなことが頭をよぎる。ただ、選手の代表として交渉しているのは間違いないので、全てを飲み込んで、頭を下げてお願いする。

今思えば茶番だ。時代と言えばそれまでか。

そんな私の訴えとは全く関係なく、今の横浜スタジアムのブルペンはしっかり整備されている。場所を少し移して広くなり、とても絵になるカッコいいブルペンだ。昔のブルペンを思い出すのにちょっと時間がかかるほどである。かつてのブルペンは狭過ぎて、キャッチャーの返球がコンクリートの柱や天井に当たることがあった。今も完全密閉ではないものの、空調が効いてかなり居心地もいい。ホーム球場なのに、夏は暑く冬は寒いあのブルペンは様変わりした。当時とは雲泥の差だ。

かつてのウエイトルームは、トレーニングマシンが所狭しと置かれているだけで、足の踏み場もないほど狭かった。ブラッグスが三振して帰って来た時のストレス発散部屋だったなあ……。今は全く違う場所に、広くて見た目はメジャーに勝るとも劣らないほどきれいなトレーニングスペースがある。

私が言われた「消防法」とは何だったのか？

そもそも選手が直接球団に要望を提示して話し合うシステムはいかがなものかと、メジャーのシステムを知ってからはずっと思っている。それこそ選手会の出番のはずだ。契約更改なども同じで、球団と選手が直接話す機会を減らしていくべきだと思う。話すのは勝つため、チームのためだ。

日本球界は球団と選手のパワーバランスがあきらかにおかしくていびつだ。今も年俸交渉は、選手が直接行うことがほとんどだ。代理人も認められているが、制約が非常に多い。年俸交渉で、減俸を直接言われた選手が冷静でいるのは難しい。こじれればこじれるほど自主トレの時間が割かれ、練習も休養も質が落ちて悪循環でしかない。

先述のように、ＮＰＢの代理人制度は２０００年オフから始まったが、以下のような制約があった（日本プロ野球選手会公式サイト　https://jpbpa.net/system/problem/）。

①代理人は日本弁護士連合会所属の日本人弁護士に限る。
②一人の代理人が複数の選手と契約することは認められない。

ところがこの制約について、2024年9月、公正取引委員会が独占禁止法第8条第4号に違反する可能性があると指摘した。これを受け、NPBはこの制約を撤廃することを決定した。この2024年オフの年俸交渉で何か変化はあったのだろうか。

ストーブリーグは交渉のプロ、代理人に任せるべきである。選手と球団の関係は良い意味でもっとドライなのが理想的だ。「勝つ」という絶対的使命を共有する、シンプルな運命共同体であるべきだと私は考える。

「名選手、必ずしも名監督にあらず」の真実

指導者として選手を指導する時、自分の感覚を言語化して伝えることは意外に難しい。なぜならそれは経験値による感覚論でしかなく、エビデンスに基づいた理論的指導とは言えないからだ。加えて、選手（指導対象者）がその感覚を共有できないことがほとんどだし、経験が浅い選手であればあるほど感覚を指導するのは困難を伴う。「名選手、必ずしも名監督にあらず」とよく言われるが、この感覚の共有が上手くいかないことが大きな理由の一つで

はないかと、コーチを務めながら思うようになった。言うまでもないが、名監督とは、チームを勝利に導いてくれる監督のことである。

野球選手に限らず、アスリートはある一定のレベルを超えると、話す時に決まって独特な表現を用いるようになる。インタビューなどを聞いていて、何が言いたいのかわからないことはないだろうか？　これは自分自身で極めた境地だからではないかと思う。

どんな競技でも、自身を高めていくための方法は当然自分流だ。ましてや世界のトップを目指すアスリートは、監督の教えやコーチの教えを基に、自分で自分を究極の境地へと導く。数え切れないほどの失敗と成功を繰り返してたどり着いた境地だ。ゆえに、そこに至るまでの道のりは、自分にしかわからない感覚や表現だらけになる。それを選手に伝えることの難しさを知り、教えることだけがコーチの仕事ではないと悟ってしまった。

私はスワローズで1年、ベイスターズで2年、1軍投手コーチを務めた。たかだか3年のコーチ経験であり、もっと長くプロのコーチをされてきた方からすれば、未熟に思われるかもしれない。ただ、現役選手を23年やったコーチはそういないと思う。そんな現役が長かったコーチの考えとして聞いてほしい。

まず、プロ野球の監督の使命はとにかくチームを勝利に導くことだ。一方でアマチュアの監督はそこに人間教育も加わる。監督経験がない私でも、これぐらいはわかる。

そして、コーチが行うべきコーチングとは「選手が目指す自分」へのアプローチをサポートすることだ。これこそがコーチの重要な仕事だと思う。繰り返すが、教えることだけがコーチの仕事ではない。

同じコーチでも、ヘッドコーチはまた別だ。監督が考える戦術を組み立てて遂行するために、監督はもちろん、他のコーチや選手との調整役を兼ねるのがヘッドコーチである。中間管理職の中の中間管理職とでも言うべきか。コーチの中で、最重要かつ一番タフなポジションだと感じる。振り返れば歴代の名監督には、必ず名参謀と呼ばれるヘッドコーチが傍《かたわ》らにいた。これはアマチュアの組織でも同じか、あるいはそれ以上に大変な仕事ではないだろうか。

余談だが、もし私に監督の依頼をするような奇特な方が現れたら、最初にする仕事は、慎重にヘッドコーチを選ぶことだろう。

現役が長かった私のコーチ時代を振り返ると、他のコーチに比べて要領が悪かったように思う。選手と向き合うことに重きを置くか、球団との関係に重きを置くかは、個々のコーチの人間性や考え方次第で変わる。このバランスも上手に取れる人が、名コーチだと私は思う。

権藤博という唯一無二の恩師

権藤博さんが監督として、１９９８年に横浜ベイスターズをリーグ優勝、そして日本一に導いてくれたことは、皆さんもご承知の通りだ。投手としても監督としても尊敬できる偉大な方だ。

権藤さんは、選手が「監督」と呼ぶことを拒み、「権藤さん」と呼ばせていた。監督でありながらコーチの役割も担っていた権藤さん。もし権藤さんとの出会いがなければ、今の自分はなかったかもしれないと思うほどのスーパーな方だ。

「一球の投げミスでプロは負けるんだぞ」

プロ入り後、何度もこんな言葉をコーチから聞かされたが、マウンドで何をすべきかをシンプルに教えてくれたのはただ一人、権藤さんだけだった。

その教えは実にシンプル。

「Kill or be Killed（やるかやられるか）」

「良い所に投げたって打たれることもあるし、真ん中に投げたって抑えられる時もあるだろう」

その後の野球人生で、これらの言葉にどれほど救われ、どれほど成長させてもらったことだろう。

中日ドラゴンズ入団1年目に「権藤、権藤、雨、権藤、雨、雨、権藤、雨、権藤」と言われるほど連投を重ねて35勝（19敗）を上げ、賞を総なめし（沢村賞、最多勝、新人王など）、2年目も最多勝（30勝17敗）を上げた権藤さんは、私には到底たどり着けない境地を知っていたはずだ。私のレベルが上がるにつれ、権藤さんの偉大さがジワジワ沁みて重みを増し、理解が深まっていった。

権藤さんの指導者としての優秀さはそれだけに留まらない。投手としてまだそれほど高いレベルにはない私にもわかりやすい、それでいてポジティブな言葉で指導してくれた。昭和の指導者には数少ないタイプだ。

余談だが、この頃から、周りの人がどう言おうとも、ポジティブな言葉を発するよう心がけるようになった。私生活においても同様だ。

権藤さんの「バカヤロー」

私がコーチとして投手にかける言葉は、特に権藤さんの影響が大きい。私自身、マウンド上でも私生活でも、心ない言葉で嫌な思いをしたことがたくさんあったが、自分が嫌な思いをした言葉は絶対に使わない。マウンドでも当然そうだ。

例えば、その投手が一番のことを言うようにする。

チームで一番、球が速い選手なら、

「お前がこのチームで一番速い球を投げる投手なんだ！　リラックスしてゾーンに投げ込め」

マウンドで苦しんでいる投手がチームで一番、防御率がいいなら、

「うちにはお前以上の投手はいない。お前が勝負せずに誰が勝負できる？　勇気を持って投げ込め」

経験の少ない伸び盛りの子は、打たれることを嫌がって決まって四球を連発する。そんな若い投手は、投げる前から結果を怖がる傾向がある。そんな時は、

「お前の球ならアウトを取れるから勇気を持って腕を振って投げ込め」

実はどの言葉も、権藤さんからマウンドでいただいたありがたい言葉を自分なりにアレンジしたものだ。「言霊《ことだま》」という考え方があるが、まさしくそれだと私は思っている。

私が権藤さんと違うのは、権藤さんはマウンドに来て決まって最初に「バカヤロー」と言ってから話し出す。他の投手にもそうだったのか？　私に対してだけだったのか？

権藤さんの「バカヤロー」には強弱があり、到底真似できるものではない。権藤さんの「バカヤロー」は私にとって、不思議と頭の中をクリアにしてくれる愛ある「バカヤロー」だった。

権藤さんは、コーチとしても投手としても敵わない偉大な人だ。自分のほうが勝っているところをあえて挙げるなら、選手生命が長かったことくらいだが、短命に終わった自らの経験でさえも、権藤さんは監督として、投手の球数やイニング数の管理という形で当時から取り入れていた。まだ今のようにデータ管理されていなかった時代、アナリストなどいない時代に、だ。

これらは、権藤さんにまつわるエピソードのほんの一部。権藤さんの投手理論は今の時代にも十分通用するだろう。むしろ、今の投手にも必要な思想と思考ではないかとさえ思う。

キャッチボールができないプロの投手

プロに入ってくる投手なのにキャッチボールができない——まさかそんなことが！と思われるかもしれないが、事実なのだ。厳密に言うと、ある一定の距離でのキャッチボールが、とんでもない暴投になってしまう。

18・44メートルのプレートからホームベースまでなら、150キロを超える速い球やバットに当たらない魔球を投げられるのだが、マウンドからファーストまで、あるいはバント処理後の送球などが信じられないような暴投になるケースだ。いわゆるイップスと言われるアスリート特有の病である。

実は投手には、こうした苦手な距離が必ずと言っていいほどある。イップスとまでは言えないが、どんな投手でも、キャッチボールの60メートル前後の距離の中に、なぜか苦手な距離があるのだ。私もいつからか、投げ始めと30メートルほどの距離が苦手になり、相手が捕れない球を投げてしまうことがあった。それは決まって叩きつけるようなワンバウンドになる。

コーチとしてそんな選手と向き合う時は、まず苦手な距離を可能な限り避けるように促す。そして「そうなること、できないことはダメじゃない。完璧な投手なんていない」とはっきり伝えた上で、それをどう補うか、一緒に考えて取り組んでいく。

すでにイップスを自覚しているプロ投手は、試合の中で本人が何らかの対処法を持っているから、余計なことを言う必要はない。彼らは戦力の1人であり、シーズン中に欠点に向き合う暇などない。彼らはイップスを自覚し、その中でアウトを重ねてチームに貢献している。そうした選手はなんの問題もない。問題があるとするなら、解雇通告が早まる可能性があるということだ。

実は私の周りにもたくさんいる。あの有名な元選手もあのコーチも、イップス経験者は皆さんが思っているより大勢いる。長年野球をやってきてイップスにならなかった人は、ラッキーとしか言いようがない。なぜなら明確な原因が解明されていないからだ。

経験上、主な理由は二つ浮かぶ。一つは何らかの理由で起きる肩の機能低下から発症する例、もう一つは外的要因からのメンタルイップスだ。

とはいえ、イップスになった理由を聞き出したところで、治し方を知っているわけではないので、選手が聞いてほしいというなら聞くが、あえて掘り下げることはしない。あくまでもスキルコーチとしての役割を果たすことが大切だと考えている。

その点で、苦手の距離がある投手と、イップスの投手は、一つだけ共通しているクセがある。それは投球のフィニッシュ時、イップスの選手は親指が下ではなく横か上を向いてフィニッシュすることだ。

距離に関係なく、投げ終わりに親指が横あたりにある選手は、イップスではなくてもかなり怪しい。あるいは以前にイップスになった経験がある可能性が高い。距離に関係なく、投げ終わりは、親指が下になる（右投手の場合、時計の6〜7時あたり）のが自然な動きだと理解してほしい。

これが少しでも指導者の参考になれば幸いだ。同時に、キャッチボール相手の重要性の認識と、野球界でのメンタルコーチの普及がもっと進んでほしい（ともに後述する）。

キャッチボール相手の重要性

野球のレベルによってキャッチボールの相手がどれほど重要か、皆さんは考えたことがあるだろうか？

幼い頃、父や母とキャッチボールをするのは、子供に合わせてくれるので楽しい。どんな球も捕ってくれて、必ず捕れるところに投げてくれる。

しかし、レベルが上がり、チームに入ってキャッチボールをすると、自分と相手のレベルが違い過ぎてキャッチボールが成立しないことがある。

例えば、自分は強く速い球を投げられるが、相手が上手く捕れないし投げられない場合、キャッチボールは成立しない。これではどちらも上達しない。

キャッチボール相手は、自分より少し上手な人が理想だ。自分より少し肩が強くて遠くまで投げられる人と組むと、引っ張られるように遠投の距離が伸びて肩が強くなる。また、自分よりも少し速い球を投げる人と組むと、速い球を捕るために膝を曲げて構える姿勢が身についたり、速い球筋を目で見たりして上達できる。

このように、キャッチボール相手はとても重要であり、幼い頃からそのことに気づいている人も少なくないだろう。

キャッチボールからは少しずれるが、私の場合、大学２年の秋から投手になり、時々ホームベースから約１００メートル先のライトフェンスめがけて遠投をしていた。なかなかフェンスに届かなかったが、何人かの投手と競争するうちに、徐々にフェンスに当たったり越えたりするようになった。

遠投と低投（上に向かって投げない。ピッチングと同じくらいの感覚で、自分の身長の倍程度の高さにまで抑えて、暴投なしで何十メートル投げられるか）を、年齢や大会に合わせて上手に取り入れると良い練習になると思う。

アマチュアの場合、いつも同じ相手ではなく、いろいろな相手とキャッチボールするだけで良い練習になる。小・中学生では、キャッチボール相手のレベルが適切かどうか、大人が見てあげることも大切だ。

プロのレベルになると、キャッチボールの勝ち負けみたいな戦いが毎日ある（投手同士）。勝ち負けとはいささか大袈裟かもしれないが、グラブを左胸の前に出すだけで捕れてしまうほどコントロールの良い投手がたくさんいる。ボールの回転もきれいな理想的なキャッチボール。これは敵わないなと思わされる相手が何人かいた。

例えば、野村弘樹や川村丈夫《たけお》、大魔神・佐々木主浩《かづひろ》さんなど、投球フォームは皆違えど、キャッチボールのレベルは高かった。

川村の糸を引くような同じ軌道を描く芸術的なボールに対し、佐々木さんは唸りをあげるような強さと針の穴を通すようなコントロールのボールだった。佐々木さんは球が速いという印象が強いかもしれないが、実はコントロールもチームで一番だったと思う。川村とは何度もキャッチボールをした。

先発投手は、ローテーション投手と日々入れ替わりでキャッチボールをすることが多く、先発同士でグルグル回るイメージ。一方、クローザーの佐々木さんは、必ず当時のブルペンキャッチャー片平保彦さんとキャッチボールをしていた。

プロの投手は、9割がた決まった相手と毎日のキャッチボールをしたがる。その理由は様々だろうが、私なりに解釈すると、最上級のレベルに達した投手は、自分のルーティンとして同じ相手と同じ状況で、今日の自分の調子を知りたいと思うのだろう。また、キャッチングが上手い相手は、ボールを捕った時の音が高く球場に響くので、投手としては何よりの精神安定剤になるのではないだろうか。

細胞の変化と食事の重要性

人間の細胞は、日々変化を繰り返している。髪の毛や爪が伸びるのは目に見えてわかりやすいが、身体の細胞は毎日少しずつ入れ替わり、4カ月ほどで全て入れ替わるという。人間の細胞は、18歳を境に老いていくと言われている。あくまでも細胞レベルの話で、この事実を体感するのは難しい。

野球は、経験値がとても重要視されるスポーツの一つだ。細胞と選手の能力のピークは比例していない。日米ともに、年齢的には28歳前後がプレーヤーの旬と考えられている。細胞レベルで考えればピークから約10年も後になるのだ。ここに野球におけるスキルや経験値の差が生まれると、私は考えている。細胞のピークとアスリートのピークの関係は、競技種目や個々人によって様々だろう。

毎日違う自分という考え方は極端かもしれないが、細胞レベルでは事実である。月単位や年単位では、もはや先月の自分や1年前の自分とは、同じ人間と言えないほど変わっていることをアスリートなら知っておいてほしい。

そうすれば、トレーニングや食事はもちろんのこと、ルーティンや癖までパフォーマンス向上のためには欠かせず、継続することの重要性も理解してもらえるだろう。継続することでしか気付けない変化を、自分にどう落とし込むかはとても重要なことだ。

一方でコーチとして、この考えを基に選手には食事の重要性を説いていたが、どれだけ響いていたかはわからない。私は選手時代の晩年、食事の大切さを強く感じていた。2、3日、好きなものだけを食べても何も変わらないが、1、2カ月となると、シーズン最後の優勝争いの真っ只中に大きな差として現れてくる。

勝つために重要なエネルギーは、細胞変化の観点からすると、半年前の食べ物や飲み物、トレーニング、睡眠から生まれているのかもしれない。考えたらきりがないほどつながりがあるだろう。あくまでも細胞レベルの話だが。

この非常に繊細な感覚は、アスリートとして長くプレーできたことで、ようやく晩年にたどり着いたものだ。「投げた後以外は肩を冷やすな」「夏でも内臓を冷やしすぎる食べ物や飲み物は程々にしろ」などと言われても、若い頃はなかなか響かない。だが、年齢を重ねるごとに痛いほどわかってくる。

一流投手のシンプルで最善の思考

「俺はできる」――。

一見ポジティブだし、アスリートなら一度は自分に言い聞かせ、唱えたことがあるかもしれない。決してダメな意識ではないが、これを掘り下げるとどうなるだろう？

もしこれがゲーム中なら、自信のない状態の人が陥る感覚だとも言えないだろうか？

遊びのゴルフならそれでもよいが、プロがマウンドでこんな状態でいることなどあり得ない。ゲームに集中できていないことになる。プレーヤーは、今できる最善を常に考え続け、次にことが起きれば、瞬時に動きながら判断する。自分ができる最善を踏まえ、その日の体調と照らし合わせ、イニングの球数なども頭に入れ、瞬時に最善の答えを導き出し、プレーという動きに変換しなければならない。これがプロとして最適な感覚ならば、「俺はできる」が入るスキマは全くない。

これは私だけだろうか？　本当のピンチに「俺はできる」は浮かんだことがない。

アスリートはできるかどうかではない。

「やるしかないのだ。そのやり方をどうするか？」

「行くしかないのだ。その行き方をどうするか？」

勝ちたいは当たり前。しかしゲーム中の「勝ちたい」は雑念でしかない。「俺はできる」も全く同じだ。

どんなに絶好調でも、「勝てる」と思った瞬間から崩れることがある。

「勝てる」は「やばい負ける」に似た雑念でしかない。

「今」すべき最善はなにか？から逸脱しているとしたら、最高に集中している状態ではない。

調子の良し悪しで一喜一憂していては一流とは言えない。

今できる最高のパフォーマンスをプレーし続ける。それこそが一流投手のシンプルで最善の思考だと思う。

右投手と左投手の大きな違い

指導するのは、どの投手が相手でも簡単なことではない。この投手は今どのレベルにあって、この先どこまで伸びる可能性があるのかを理解しなければならない。しかし当たり前だが、ほとんどのプロ選手はある程度のレベルまで達しているからこその難しさがある。

だが、それとはあきらかに異なる、とても難しいタイプが存在する。それはこれから説明する左投手だ（ここで話す利き手とは投げるほうの手を指し、利き足とはサッカーボールを強く蹴ることができる足のことを指す）。

私は元々右投げ右打ちだったが、中学時代には右投げスイッチヒッターとして3年間頑張った。毎日の自宅の練習でも、左打ちに6、7割の時間を費やしていた。

余談だがこの頃、自分と同じ右投げスイッチヒッターの選手をプロの世界で探していた。参考にするためだ。そんな時、ジャイアンツ戦で見たカープの高橋慶彦《よしひこ》さんがカッコ良くて惹かれた。真似をして足を高く上げてタイミングをとったり、ミズノのクロスウェブ・ナチュラルカラーの高橋慶彦モデルのグローブに憧れたりした。仙台ではテレビのジャイアンツ戦しか見られなかったが、カープの水色に赤のビジターユニホームがめちゃくちゃカッコよく、特にあの水色に赤ラインのエナメルスパイクは夢のスパイクだった。


話を戻すと、その後、高校では右投げ左打ちに固定したが、本来私は全て右利きだ。ちなみに利き目は左である（両手で円を作り、円の中に壁にかかった時計か何かを入れて、両目で見る。そして、順番に片目をつぶり、時計が円の中に残って見えるほうが利き目である）。

こんな私が左投手と投球について話をしても、わかり合えることは少ない。相手によってはすれ違いの話にしかならないだろう。笑い話ではなく、悲しさを超えて本当に申し訳なく思うのだ。これまで私がコーチとして携わった左投手の選手には、いつもそういう申し訳ない気持ちがあった。

その理由を、3年間のコーチ経験で気づいたことを基に書いていきたい。もちろんこれは仮説に過ぎない。

左投手は右利きの投手より多くの運動神経回路を持っている。あるいは右利きの投手とはあきらかに異なる運動神経回路を通して投げているのではないか。

ヤクルトの投手もＤｅＮＡの投手も、私に対するリスペクトもあり、皆可愛いのだが、左投手に対しては言葉にできない違和感を持っていた。裏を返せば、彼らもそうだったはずだ。その違和感を埋めるために、左投手に質問を重ね、少しずつ理解を深めていった。そして、身体的アプローチと脳的アプローチをメインに、答えに近いものを導き出した。

多くの左利きは、文字を右手で書き、箸も右手で持つことのほうが多い。そこでまずは大きく二つにタイプ分けした。

1、箸も文字も全て左のタイプ。親や先生に直されなかったか、直らなかった人。このタイプは完全な左利きで、ハサミを使う時や針の穴に糸を通すような細かな作業も左。そのため、ドアノブをひねる、蛇口をひねるなど、右利き仕様にできている道具に、日常的にストレスを感じている。右利きは感じないことだが、左利きの日常は小さなストレスの連続だそうだ。

2、基本は左だが、後天的に文字や箸は右に矯正されたタイプ（毛筆は人によって違う）。ドアノブをひねるのに違和感を覚えながらも、気にしないようにした、あるいは気にならないようになった人。物事の細かさにより、右も使える左利きタイプ。

これだけでも、右投げ右打ちとは全く異なる脳や運動神経回路を使っていることがわかるだろう。しかしこれは、あくまでベースとしての振り分けに過ぎず、もっと細分化したら想像を超える数になるのではないかと思う。

「左投げ利き足右」の左投手

そして、事態を一番複雑にするのが「利き足」の問題である。

私が左投手を見る時に一番注目したポイントだ。

左投手で利き足も左ならまだ話は通じるが、聞けば「左投げ利き足右」の左投手が意外に多いのだ。全て右利きで、唯一利き目だけが左の私（どこにでもいるタイプ）がしてきたことをポイント、ポイントでアドバイスしても、左投げで利き足が右の投手には、不思議な顔をされることが多いと気づくようになった。

私のような右投手は、投げる方向に左の手や肩、腰などを出し、プレートにかかっている右の利き足で蹴る、あるいは出力して上体を回転させて投げる。

この説明は、全て左利き（左投げ利き足左）の人なら、鏡像のような反対の動作として話せるし、理解してもらえるかもしれない。

しかし左投げで利き足が右の投手は、利き足が踏み込む足になり、軸足は利き足ではないほうになる。この感覚を私は知らない。

高校時代、右投げ左打ちにした時、左足に体重を乗せるような打ち方ができなかった記憶があるが、その程度の話で、プロの選手と話せるレベルではない。

これはレベルの話ではなく、脳や運動神経回路の違いの話ではないだろうか。

私自身、トレーニングから入って学びを深めていき、最後に行き着いたのは脳だった。しかし脳と運動神経、脳とピッチングのような本には、今まで出会えなかった。

脳科学者である茂木健一郎先生の本は面白く読んだが、プロの現役選手、コーチとして役に立つことは少なかった。

アマチュアを含む監督・コーチの皆さんは「左投げ利き足右」の投手がいたら、丁寧に指導してあげてほしい。また、自分がそうだという方、あるいはあの子がそうかもという教え子がいる方。もしかしたら不器用だったり、覚えるのに時間がかかったりするかもしれないが、その子のオリジナルを大切に指導してほしい。あなた自身が当てはまるなら、それを理解した上で頑張ってほしい。

これら利き手、利き足、利き目を考えるようになってから、自分なりに様々なことがクリアになっていった。

例えば、右投げ左打ちの死角と言われるインコース低め。元々右利きで利き目が左の人にとって死角になるように思う。私と同じタイプだ。これを克服したい人は、バドミントンやテニスなどのバックハンドをたくさん練習すると感覚が養えるのでおすすめだ。

右投げ右打ちの打者で顔を投手に正対させるように構えるタイプ。これは利き目が右だから で、アウトコースに強くインコースに弱い。

右打ちで顔を半分しか投手に向けないタイプ。これは利き目が左だからで、インコースが得意でアウトコースの変化球が苦手だ。

利き手、利き足、利き目が違うと、運動神経回路は様々に変わってくるはずだ。こんな見方や考え方が指導者や子供たちの参考になれば幸いである。

自らコントロールできることだけに集中する

「今、あなたがコントロールできることはなんですか？」

コーチとしていつも、この言葉を投手に伝えていた。

「今、自分がコントロール可能なことだけに集中するんだ」

結論から言うと、投手がマウンドでコントロールできるのは自分のことしかない。

当たり前だと笑うかもしれないが、投手は意外と自分でコントロールできないことにイライラしがちなのだ。例えば、主審のジャッジ、その日のストライクゾーン、突然の雨でぬかるむマウンド、強い風、コーチから言われたのと違う自分の出番、マウンドに向かおうとしたら相手ベンチからタイムをかけられ、一度入れた気持ちが抜けてそれが戻らないままマウンドに上がる……。

このように、例を挙げれば切りがないほど、投手は邪魔をされるのが当たり前で、自分ではコントロールできないことだらけなのだ。主審や自然現象はともかく、優秀な敵将は、投手がリズムを崩すようなことを当たり前に仕掛けてくる。

こんな状況で自らコントロールできるのは、全てを受け入れた自分自身の気持ちと、108の縫い目のある球だけ。先発なら100球を超えて勝負し続ける、リリーフならチームの勝ち負けを背負って戦う。

どんなにデータが揃っていても、相手の弱点がわかっていても、コントロール可能な自分をコントロールできなければ、どんなに優れた投手でもチームの力にはなれない。逆に自分のコントロールに長けた投手は、監督やチームの信頼が高まり、大事な場面での登板が増えていく。

また、投手は調子の良い時ばかりではないし、シーズンは長い。それでもその日できる最高のパフォーマンスを発揮するために自分をコントロールできなければ、信用度は下がり出番が減ってくる。これがプロの世界の掟《おきて》である。

「今、あなたがコントロールできることはなんですか？」

メンタルコーチの重要性

アマチュアの指導者に目を向けると、学校の先生的要素（選手全体への指導）と塾の講師的要素（個々への指導）の二面性が必須になるようだ。二面性の割合は、部員数やコーチ数、その指導者が学校の先生か外部からの招聘《しょうへい》かなど、多くの要素が絡みあって決まる。個々の状況や契約の難しさはプロの指導者以上だろう。そもそも比べてはいけないことなのかもしれない。

プロのコーチは、文字通りプロレベルの選手を指導する。一定以上のレベルにある選手ばかりだ。しかしアマチュア選手のレベルは、上から下まで多岐にわたる。プロを目指す選手もいれば、初めてボールを投げるレベルの選手まで指導することになる。プロのコーチより、間違いなく幅を持って指導に当たっている。そんなみなさんもプロだ。

さて、ここで伝えたいのは、プロ・アマ問わず、メンタルコーチの重要性である。

ＤｅＮＡが他球団と違うのは、メンタルコーチの存在だ。ソフトボール女子日本代表チームのメンタルコーチとして、オリンピックの金メダル獲得に大きな力を発揮した経験を持つ遠藤拓哉さん。彼との出会いは、私にとって大きな財産になった。DeNAには感謝しかない。

私がこれまで歩んできた野球人生の中では、どのカテゴリーでも埋まらない違和感が大なり小なりあったが、彼はそれを限りなく小さくする術を持っている。コーチとして非常に心強かったが、選手時代に出会えていたらと思わせるスペシャリストだ。

アマチュアでは、予算など様々なハードルがあるため、専属のメンタルコーチを雇うのは難しいし、そもそもメンタルコーチの絶対数も少ない。しかし規模の大きな大学なら、全運動部に1人とか（しかも隔週ごとに）、規模の小さな学校なら何校か掛け持ちで迎え入れることはできるのではないか。指導者の悩みや、選手のスキル以外の指導や倫理について、相談できるメンタルコーチを置くことを提案したい。

スポーツ・メンタルコーチは、日本では成熟していない。むしろ未熟で、世界から見た日本スポーツの最大の弱点と言っても過言ではないと感じている。

何もみんなで世界に打って出ようというわけではない。ただ、あなたの教え子が、あなたのチームの選手が、あなたの学校の卒業生が、世界を相手に戦うアスリートになった時のことを考えてほしい。

現代の倫理に基づき、正しい流れに沿ったチームオリジナルを構築していくにあたってメンタルコーチは必須だ。個々の選手で言えば、世界のアスリートと肩を並べた時に自分が成熟している必要があり、そのためにもメンタルコーチは欠かせない。トップアスリートを目指すならなおのこと、教育という視点からも異論は少ないはずだ。

多様性と複雑性の時代、悩むのは選手だけでなく指導者も同じ。スポーツメンタルケアは、アスリートを人として正しい方向に導いてくれる。大きな期待を寄せたい分野である。

適者生存

サバイバル・オブ・ザ・フィッテスト（survival of the fittest）――「適者生存」。

この言葉は、ヤクルト、ＤｅＮＡのコーチ時代に、年に一度は投手に伝えてきた。今のままの自分、今の実力のままでは淘汰されてしまうことを忘れないでほしいと願い、実力の世界で必死に生きている彼らに伝えてきた。自分の経験も踏まえ、大切にしている言葉だ。

そして、この言葉とセットで、ガラパゴス諸島の生き物の進化を例に出す。

例えば、ガラパゴス・ペンギンという鳥がいる。ペンギンは寒い場所に生息するものと思われるだろうが、ガラパゴス・ペンギンは赤道直下のガラパゴスで生きている。南極点の1年の平均気温はマイナス50度、ガラパゴスの平均気温は24度前後、平均気温差は実におよそ70度ある。すごい環境変化に適応しているのだ。

またガラパゴスには、リクイグアナとウミイグアナの2種がいて、ウミイグアナは世界で唯一、海藻などを餌に生きている。他にも様々な生き物が、ガラパゴス諸島の環境に合わせて生態変化を繰り返し、独自に進化しているのだ（というか、環境変化に対応できた生き物だけが生き残り、他は死に絶えた）。

プロ野球選手の平均在籍期間は7・7年（私が入団して間もない頃は7年と言われていたので、大差はない）。長い選手は20年を超えるがごく少数だ。個々の選手生命の長さは違うが、どんなに優れた超一流選手でも、プレースタイルやフォームを微妙に変えているはずだ。プレースタイルが変わらずに引退を迎えた選手でさえ、スタイルを変えないための進化を繰り返していたと私は確信に近い思いを持っている。

どの世界で生き抜くにも、変化を恐れず進化しなければ淘汰されてしまう。

野球人として20年前後生きてきた現役選手に、変化することなしにプロ野球というガラパゴス諸島で生きていくことができるか、聞いてみたい。これからは時代に流されるのではなく、時代の流れを自分で掴み、乗っていかなければならないだろう。「適者生存」にはそんな願いも込められている。

この言葉の影響ではないが、フォームを変えたことで、大きく飛躍した選手がいる。

ＤｅＮＡの東《あずま》克樹《かつき》が肘を下げて投げるようになったのは、２０２３年の福岡ソフトバンクホークスとのオープン戦、先発ローテーション最後の１枠、１軍生き残りをかけた試合のことだったそうだ。プロ野球投手が、明らかに誰が見てもわかるようにピッチングフォームを変えるのは、勇気が必要なだけではない。人生の賭けに彼は成功し生き残ったのである。

サバイバル・オブ・ザ・フィッテスト（survival of the fittest）――「適者生存」。

もし何かに悩むアスリートがいるならこの言葉を贈りたい。

超一流を目指す義務

横浜ベイスターズ優勝の年、１９９８年春の宜野湾《ぎのわん》キャンプに、松山千春さんが権藤監督からスピーチゲストとして招かれ、１時間ほど選手に話をしてくれた。その中で、深く考えさせられ、今も大切にしている話がある。

千春さん独特の言い回しで、

「お前たちはあれだぞ、今ここにいるってことはよぉ、野球を志した何人もの奴らがお前たちのせいで野球を諦めたんだ！　なぁ。そんなことを考えたことあるか？　お前たちはここにいる時点で一流なわけだな。でもよ、お前たちはプロとして超一流を目指さないと！」

というニュアンスの話だった。

この話は、プロ野球選手としての私の中で年々重みを増してきた。

千春さんはすでにシンガーソングライターとして超一流の域に達していたから、そこから見える景色を基に、我々に問いかけてくれたのだろう。

２００５年シーズン中にメジャーを目指そうと思い、「俺はこのままで良いのか？」と考えた自分がいたのは、千春さんのこの金言も理由の一つだった。

第7章　齋藤隆ができあがるまで

投手になったきっかけは4・6・3のダブルプレー

内野手だった私が投手になったのは、東北福祉大学2年生の秋のことだ。東北地区代表の東北福祉大学と北海道地区代表校との明治神宮野球大会出場を賭けた戦いの日だった。仙台にある宮城球場、今の楽天モバイルパーク宮城で、先に2勝したチームが11月に行われる明治神宮大会に出場できる。

代表決定戦ダブルヘッダーの1試合目に勝利し、午後の2試合目までの間に弁当を食べ終えた後、下級生で補欠の私は早めにグラウンドに出たものの、やることもなく、三塁側ブルペンで遊びのピッチングをしていた。

なんとその私の姿を、バックネット裏で、やはり弁当を食べていた当時の伊藤義博監督が見ていた。

「ブルペンで投げてる、あれは誰だ?」

「隆じゃないですか?」

コーチが答えると、

「午後の試合に代打で出す。もし打てなかったら明日からピッチャーにするぞ」

伊藤監督がコーチにこう伝えたのが、私の投手人生の始まりだった。


午後の試合の中盤、東北福祉大学の攻撃中、ランナー一塁で監督は予告通り代打齋藤を告げる。野手をクビになるかもしれない打席だと当人は知る由《よし》もない。勝って明治神宮大会出場を決めてやるという思いと、ここで打てば明治神宮大会でもベンチ入りできるかもしれないという願望で、必死に集中していた。

そんな私の思いとは裏腹に、ベンチにいる何人かの先輩は監督の思惑を知っていたようで、妙に盛り上がっていたらしい。

〈隆、頑張れ！　この打席打てなかったら野手クビだぞ！〉

私はただ打ちたい一心で左打席に入る。

そして、来たー！と思ってフルスイング。しかし打球はノックのようなセカンドゴロ。

4・6・3のダブルプレー。

しかもファーストがボールを捕った時、私はまだバッターボックスと一塁ベースの中間あたりを必死に走っていた。左打ちなのに……。

私の打席とは全く関係なくチームは勝利し、東北福祉大学は無事に明治神宮大会行きの切符を手にした。

しかし、ここから私の野球人生が歪み始める。

グラウンドに入れてもらえない！

「隆はピッチャー陣と走ってろ」

次の日の練習、いつものようにグラウンドに入ろうとすると、コーチから告げられた。

〈え！〉

声が出ない。

「いいえ、お願いします」

と声に出したが、

「そういうことじゃないんだ。いいからピッチャーと走っとけ！」

〈「そういうことじゃない」とは？　どういうことなんだ？〉

私は野手として大学で野球を続けて卒業すると思っていたが、何かが歪み出した……。

東北福祉大学の野球場はすり鉢状になっていて、観客席の外側にグラウンド全体を見渡せるランニングコースのようなものがある。そこを走りながら、これまでのことを振り返っていた。

甲子園に出て、すごい選手がこんなにたくさんいるんだと感じた。自分もどこまで上手くなれるのか、大学で野球をやってみたい。そんな思いで地元の東北福祉大学に入学したものの、選手のレベルが驚くほど高い。1年生の時はほとんどメイングラウンドに入れず、球場の外周りの草刈りやゴミ拾いをしたり、雨の時はグラウンドの水を吸いとってからリヤカーで土入れをしたりしていた。何十枚ものネットをメイン球場やサブ球場に運んだりもしたっけ。

空いた時間は、親のすねをかじってパチンコ三昧《ざんまい》……。

2年生になってようやくグラウンドに入れて、ボールを触れるようになった。最近はグラウンドに入るのが当たり前だったのに、急に入れてもらえなくなった。

この状況は何なんだ？　俺はもう終わりか？　野球のために親に頭を下げて入った大学でグラウンドに入れてもらえないなんて……どうすればいいいんだ？

甲子園でヒットを2本打ったけど、今はそんなの何の役にも立たない。大学のレギュラー取りには何の関係もない話だ。もう終わりだ……。

世の中は、そんな私の状況とは関係なく、残酷なほど普通に時間が過ぎていく。自分が悩み苦しんでいても世の中はいつも通りに回ることを、この時初めて感じた。

この挫折感の真っ只中で、私は岐路に立たされているように感じた。しかし岐路に立たされているはずなのに、目の前に道は見えない。私より遥かに背の高い藪《やぶ》に、四方八方覆われているようだ。

それから数日は、野球をやめることばかり考えていた。やめたらどうなるか、何回もシミュレーションしてみたが、どれも悲惨な人生にしか行き着かない。

野球を頑張りたいけれど、グラウンドに入れてもらえない現状に、どうしたらいいんだ？と思い悩むだけだった。

投手をやるだけやってみよう

グラウンドに入れてもらえなくなって、何日経っただろうか？

どうせ上手くいくはずはないけど、ピッチャーを「やるだけやって」野球も大学もやめてやろうと開き直った。もうそれしかなかった。

グラウンド整備でも入ったことのないブルペンに、キャッチャーと入る。

すると、伊藤監督もブルペンに入ってきた。大学に入学してから、打つことも守ることも一度も指導されたことがなかったにもかかわらず……。

何か怒られるのか？　どうすればいいのか？　もう訳がわからない。

「いいか、障子を開けるように身体の真ん中で腕を割るんだ」

投げ方を教えられた。

大学の４年間で投げ方を教わったのはたった一度、後にも先にもこの時だけだ。

スピードガンを持って来るよう、伊藤監督が近くにいた部員に促した。

最初のブルペンでは、どんなに力を入れても133キロ程度しか出なかった。ましてやコントロールなんてあったもんじゃない。

それ以降、私の練習は、走っているか、バッティングピッチャーとしてバッターに打たせる毎日が続いた。投手としてやれている感覚なんて全くないままだった。大学や社会人相手の練習試合で投げながら、走るかバッティングピッチャーの日々を過ごしていた。

この鬱々《うつうつ》とした日々を支えてくれたのが、1学年上のピッチャー、キャッチャーの先輩方だ。その中には、ヤクルト、近鉄を経て現吉本興業の小坂勝仁さん（12ページ参照）や、中日、阪神で活躍された矢野燿大《あきひろ》さんなどがいた。加えて、同期のピッチャー、キャッチャーの仲間たちにも大いに助けられた。特に同学年のエース作山和英《さくやまかずひで》（現福岡ソフトバンクホークス・スカウト）にはたくさん質問し、投げ方や変化球を教えてもらった。

聖地へ

1年後、3年生の秋の明治神宮大会。

大学入学後、初めて明治神宮大会のベンチ入りメンバーとして、大学野球の聖地に足を踏み入れた。なぜか私は投手になっていた。100人を超えるチームメイトは皆笑っているように思えた。私を知る人にとっては、笑い話以外のなにものでもなかっただろう。この明治神宮大会ではリリーフで登板し、日体大相手にホームランを打たれた。

それから約半年後、「身体の真ん中で腕を割る」と伊藤監督に言われてから約1年半後、球速は10キロ以上増し、ストレートは150キロに届きそうなほど速くなっていた。

4年生6月の全日本大学野球選手権大会では、2回戦に先発して佛教大学を完封。決勝の関西大学戦には2番手で登板。勝ち負けは付かなかったが、3番手で登板したエース作山が延長17回までもつれ込んだ死闘を投げ切り、東北福祉大学は初の大学日本一になった。

1991年、私は投手歴2年でドラフト1位に指名された。横浜大洋ホエールズ（現横浜DeNAベイスターズ）と中日ドラゴンズの2球団の指名が重複し、くじ引きの結果、ホエールズの須藤豊監督が私を引き当ててくれた。

人生が歪んだように感じられたあの日からは信じられないほど、全てが好転した。

きっかけは、ベンチに戻るのも恥ずかしかったノックのような4・6・3のダブルプレーだった……。

怒鳴らない、殴らない監督（父）

私は男3人兄弟の末っ子として、この世に生を享《う》けた。自営業を営んでいた父は、地元仙台の少年野球チーム・遠見塚《とおみづか》ゴールデンイーグルスの監督だった。時間がある程度自由になるという理由だけで、本格的な野球経験もないのに監督に指名されたそうだ。

当時、1学年10クラスあったマンモス小学校の野球チームで、常に60人を超える子がチームにいた記憶がある。A、B、Cの3チーム制で仙台市の大会に出ていた。

遠見塚ゴールデンイーグルスのAチームは、父が監督になった最初の年に、市の100校以上集まる大会で優勝した。しかしそんな強いチームの監督である父は、選手を怒鳴ったりも殴ったりもしない、あの昭和の時代には珍しい指導者で、私の友達からもとても人気があった。人気の理由はもう一つ、暑い夏の練習の終わりに、カップのかき氷アイスを全員に振る舞っていたからでもあった。

そんな野球一家の3兄弟は、のちに春夏合わせて5回、甲子園に出場している（内、私は1回）。3人分のユニホームを洗濯してくれ、弁当を作ってくれた母には感謝してもしきれない。今も頭が上がらないほどだが、なぜか父への感謝の想いはやや薄い。その理由は、毎晩酒を飲んで人を笑わせている父の姿しか知らないからだろう。

父との別れ

そんな父との別れは２０２３年12月、本書の刊行が正式に決まった約1カ月後のことだった。父は長く肺を患っていたため、万一の時の話は、時折兄たちとしていた。だが現実に父が亡くなると、想像以上の感慨に襲われた。喪主でもない三男だが、葬儀の大変さを知り、父が仏様としてお墓に入るまでの流れは、死してなお父に学ばされることが多く、とても不思議な時間だった。

そんな中、今一番考えさせられているのが、自分の死後のことである。つまり、お墓の話だ。

三男で息子を授からなかった私が墓を建て、仮に娘たちが墓守をしてくれたとしても、孫の代までそれを押し付けることは少しも望まない。

そうは言っても、死は唯一平等に誰にでも巡ってくる。

自分が死んだらこうしてくれという遺言書は書こうと思うが、墓の選択肢、自分が死んでからの選択肢は、意外に限られている気がする。

死んだ後は野球好きと一緒にいられたらいいなあ、なんてことも漠然と考えた。

そこからいろいろ考えた末に、出家しようと思い立って調べてみたが、僧侶として人様の死と仏様に向き合うことは、自分にはとてもできないように感じた。加えて、どの宗派の教えを学ぶにしても修行は厳しく、出家は簡単ではない。ちなみに、私の母校・東北福祉大学は曹洞宗の学校で、坐禅の授業も受けてはいたが、その程度のレベルの話ではない。


ここからは思い付きレベルの話だ。不謹慎だと思わないでほしい。

野球が好きな人と一緒に死後を過ごせる、永代供養的なお墓を作ることはできないだろうか？　野球好きな方ならどなたでも入れて、お望みとあらば家族ももちろん入れる。少年野球、中学・高校・大学野球、社会人野球、独立リーグ、セもパも女子野球も軟式野球も準硬式野球も巨人ファンも阪神ファンもアンチも、野球好きなら誰でも入れる永代供養墓を作れないだろうか？

もちろん、野球引退後、一人静かに埋葬されたい、海に散骨してほしい、といった方もいるはずだ。それは個々の自由。

死んだ後はチームや団体、プロもアマも、恨み辛みや組織のしがらみもなく、どんな話も笑い話にする！

数年に一度、野球教室を開催していただいている住職さんから教わったことがある。

私たちは「亡き方にいつまでもお育てをいただく」そうだ。

とても深い言葉である。

父の死をきっかけに自分の死とも向き合い、こんなことを思う今日この頃だ。

南谷さんとの別れ

私が本書を書き下ろそうと決めたのが２０２３年の春頃。それから２０２４年にかけて、なぜか大切な人とのお別れが重なった。

1人目は、尊敬する大好きな父との別れ。

2人目は母方の叔父。小さい頃から兄弟のように育ったのだが、病には勝てなかった。

そして3人目は、私を日本人最速投手へと導いてくれた私のパーソナルトレーナー、楽天ゴールデンイーグルス、西武ライオンズでトレーニングコーチを務め、韓国球界でもその手腕を発揮した、南谷和樹さんだ。

本書にもたびたびご登場いただいた。

彼の死を知らない球界関係者も多いはずだ。これを読んでも信じられないと驚かれる方が多いことだろう。しかし残念ながら事実だ。


「隆、わしもうあかんわ」

死期を察したかのように、南谷さんが「会いたい」とLINEをくれたのが2023年12月のこと。それまで、抗がん剤の治療をしているとは聞いていたが、入院先は教えてくれなかった。

その間、奥様と一人息子の光紀くんが献身的に看病をしていたが、南谷さんの身体は、日を追うごとに病魔に蝕《むしば》まれていった。

連絡をもらってから、実際に会えたのは年が明けた２０２４年１月20日。冷たい雨が降る日だった。待ち合わせた居酒屋のカウンター席に座っていた南谷さんは、背中が丸まり首を動かすのもやっとの様子だった。私の姿を確認した南谷さんは、言葉より先に涙が溢れて止まらない。

もともと細身の南谷さんだが、トレーニング時に好んで着ていたネイビーの見慣れたスポーツウエアが、明らかにだぶついている。

隣に座った私は、南谷さんの丸まった背中をさすってあげることしかできない。

何かを話そうとしては、涙が邪魔をして言葉にならない南谷さん。

でも私には、南谷さんが何を言いたいかわかっていた。

〈隆、楽しかったな、お前といた時間、チーム齋藤の時間が楽しかったわ。ありがとう、隆。でも、何でわしだけこんなんなったんかな……〉

１時間も経っただろうか。

「わし、しんどくなってきたわ、そろそろ病院戻るわ」

店を出た南谷さんは、私を駅まで送ると言ってくれた。

南谷さんの歩幅に合わせ、冷たい雨の中を歩きながら、私はお別れの言葉を探していた。

もう少しで改札というところで、「ちょっと待っといてや」と言うと、南谷さんはお土産屋さんに歩いていく。〈泣いたらダメだ、最後まで笑顔でいよう〉と思っていたが、その姿があまりにも別人すぎて、込み上げてくる思いを抑えきれなくなっていた。

南谷さんからうなぎパイを手渡され、

「これ、みんなで食べてやあ」

この言葉に、こらえていた涙が溢れ出てしまった。

「沖縄キャンプから戻ったらまた会いに来るし……。また、会いに来るし……」

涙声でそう伝えるのがやっとだった。


私が日本人最速投手になれたのは南谷さんのおかげだ。私の身体と向き合い、私の能力を最大限に引き上げてくれた唯一無二のパーソナルトレーナー。

その日が最後の酒盛りになってしまった。

不器用で人付き合いが下手でお酒が大好きで、私にとっては日本一のＰＴ南谷さん。

先生（南谷さんのいつもの呼び方）が考える、俺だけのオリジナルのトレーニング。滅茶苦茶しんどかったけど、それを信じて頑張り抜いて良かったと、心から思っています。本当にありがとうございました。

これからも、天国から見守っていてください。

あとがき――ドジャースとベイスターズ

2024年、ご存じの通り、ワールドチャンピオンに輝いたのは、私の野球人生が大きく変わることになった、ナショナル・リーグ西地区の名門、ロサンゼルス・ドジャースだ。ワールドシリーズでアメリカン・リーグ東地区の名門、ニューヨーク・ヤンキースを倒し、MLBの頂点に上り詰めた。

そしてNPB。日本シリーズを制したのは、セントラル・リーグの横浜DeNAベイスターズだ。私が13年間在籍し、投手人生の礎《いしずえ》を築き、1998年に日本一になって以来、26年ぶりに下剋上での日本一に輝いた。

偶然が重なり、私が在籍した2チームが日米の頂点に立った。こんな偶然は、現役を退いた今でも嬉しく誇らしいものだ。後輩たちの頑張りのお陰で、引退後もたくさんの幸運をいただいているように感じる。

両チームの関係者の皆さんには、心からの感謝とお祝いをお伝えするとともに、私自身、それを分かち合えた幸せなシーズンになった。

ただ、2024年の私は、ベイスターズの本部長付きアドバイザーを拝命している立場なので、こういう書き方に違和感を覚える方もいるかもしれないが、おめでたいこととしてお許し願いたい。


本書を書き下ろす過程は、野球界に対するこの先の懸念を再確認する作業になっていたきらいがあった。読者の不安を煽《あお》るようなことをしたいわけではないが、結果的にそういう方向へ進んでしまう現実があったのも事実だ。

それが2024年シーズンの最後に、ドジャースとベイスターズのファンの皆さんが歓喜し喜び合っている姿を目《ま》の当たりにし、私自身も行く先々で「おめでとう！」と言われ、ありがたい思いでいっぱいになった。

そういう気持ちが強くなるにつれ、私の意見や思いを皆さんにお伝えすることに何の意味があるのだろう?とも考えさせられた。

ファンの歓《よろこ》びに満ちた表情や涙からは、言葉にできない何かが溢れ出ている。それでもまだ足りないほどの嬉しく激しい感情が渦巻いているようにも感じられる。

ファンの皆さんは愛するチームにどれほどの時間を費やし、思いを注ぎ込んだことか。そして、この時をどれほど待ち侘《わ》びていたことか。そのパワーを目の当たりにし、今さらながらファンの野球愛、チーム愛こそが野球界の発展の大きな原動力であると痛感させられた。それさえあれば、野球界は安泰なのでは?とも思わされた。

私自身、引退後も野球のお仕事をいただき、その環境がまるで当たり前のことのように感じていた。しかし、それは当然のことではなく、とても恵まれた特別なことなのだと心新たにした。ファンが流す歓喜の涙を見て心を打たれ、様々な思いを巡らすきっかけになった。

私の場合、いつからか野球が仕事に変わり、周りが喜んでいる時ほど自分の気を引き締めてマウンドに上がる準備をし続けていた。そのうち、目の前の出来事の裏ばかりを読むようになり、素直な感情を消してしまっていた。

幼少期に兄の背中を追いかけ、他の選択肢などない一択で始めた野球を生業《なりわい》にし、気付けば同学年で誰よりも長くプレーすることができて、今も野球の仕事に携わらせてもらっている。

野球にここまで導いてもらった我が人生。これまでお世話になった全ての方々への感謝と、世界中の野球ファンの皆さんに「ありがとう」を改めてお伝えしなければならない。こんな幸せな思いは、勝った時にしか味わえないものだ。

２０２４年を一言で表すなら「感謝」だ。これからも皆さんの熱い声援が野球界の支えであり、大切な宝物であることを再確認できた。

今後も、野球を愛してやまない方々や、辛く苦しい中で精一杯野球と向き合い支えてくれている皆様と共に歩んでいきたいと思う。

本書を手に取ってくれた皆様と、これからの野球界に携わる全ての方々に、明るい未来が訪れることを、心から願っています。

２０２５年２月

齋藤隆

齋藤隆（さいとうたかし）

1970年仙台市生まれ。東北高校、東北福祉大学を経て、'91年、ドラフト1位で横浜大洋ホエールズ（現横浜DeNAベイスターズ）に入団。'98年のリーグ優勝と日本一に貢献。2006年、MLBのロサンゼルス・ドジャースとマイナー契約。同年4月にメジャー昇格しクローザーとして活躍。MLBでは5球団に在籍し2度の地区優勝に貢献。'12年、東北楽天ゴールデンイーグルスと契約。'13年、球団初のリーグ優勝と日本一に貢献。現役引退後にMLBのサンディエゴ・パドレスでフロント業務に従事。'20年、東京ヤクルトスワローズで1軍投手コーチ、'22〜'23年、横浜DeNAベイスターズで1軍チーフ投手コーチを務める。

37歳《さい》で日本人最速投手《にほんじんさいそくとうしゅ》になれた理由《りゆう》

これからの日本野球《にほんやきゅう》

2025年3月30日初版1刷発行

著　者 —— 齋藤隆
発行者 —— 三宅貴久
装　幀 —— アラン・チャン
印刷所 —— 萩原印刷
製本所 —— 国宝社
発行所 —— 株式会社光文社
東京都文京区音羽1-16-6（〒112-8011）
https://www.kobunsha.com/
電　話 —— 編集部03（5395）8289　書籍販売部03（5395）8116
制作部03（5395）8125
メール —— sinsyo@kobunsha.com

ISBN 978-4-334-10588-4

光文社新書

1350
関係人口
都市と地方を同時並行で生きる
高橋博之
地方だけでなく都市も限界を迎えている日本にとって「関係人口＝地域外に拠点を置きながら地域と継続的に関わる人々」は救いの哲学となるのか？　情熱的な新・地方創生論。
978-4-334-10585-3

1351
日本一ややこしい京都人と沖縄人の腹の内
仲村清司
京都人＝イケズ!?　沖縄人＝排他的!?　実際はどうなの――!?　京都に拠点を置きながら沖縄に通う生活を送る著者が、両地の知られざる〝遠くて近い、深い関係〟に着目した本邦初の一冊。
978-4-334-10586-0

1352
文化系のための野球入門
「野球部はクソ」を解剖する
中野慧
一高、天狗倶楽部、朝日新聞、武士道、ニュージャーナリズム、スポーツ推薦、スクールカースト、女子マネージャー……。これまで顧みられなかった「日本の野球文化」を批評する。
978-4-334-10587-7

1353
37歳で日本人最速投手になれた理由
これからの日本野球
齋藤隆
ベイスターズとイーグルスで日本一、MLBドジャースで地区優勝。NPBもMLBも知悉した著者による野球論、ピッチング論、トレーニング論、コーチング論、ビジネス論。
978-4-334-10588-4

1354
75歳・超人的健康のヒミツ
「スーパー糖質制限」の実践
江部康二
歯・耳・目、全てよし、内服薬なし、血圧・体重も維持、夜間尿なし…52歳で糖尿病を発症も、若さと健康を保っている糖質制限のパイオニア医師が、あらゆる角度から元気の秘訣を公開。
978-4-334-10589-1